LOGO

ARCHITEKTUR

ARCHITEKTUR

Hilary French

Prestel
München · London · New York

Auf dem Umschlag: William Van Alen, Chrysler Building, New York (Foto: Rainer Grosskopf/allOver)

Rückseite: Erich Mendelsohn, Einsteinturm, Potsdam; Hans B. Scharoun, Neue Philharmonie, Berlin; Frank O. Gehry, Guggenheim Museum, Bilbao

Frontispiz: Norman Foster, Sainsbury Centre for the Visual Arts, Norwich

Die Deutsche Bibliothek – CIP Einheitsaufnahme
Architektur / Hilary French.
[Übers. aus dem Engl.: Nikolaus G. Schneider], –
München; London; New York: Prestel, 1999
(Logo)
Einheitssacht.: Architecture <dt.>
ISBN 3-7913-2071-8

Design: Jane Lanaway
Illustrationen: Karen Donnelly und Ivan Hissey

Prestel-Verlag · Mandlstraße 26 · D-80802 München
Telefon 089/38 17 09-0 · Telefax 089/38 17 09 35

Lektorat: Alexander Langkals, München
Übersetzung aus dem Englischen: Nikolaus G. Schneider, Berlin
Satz: Sabine Groß, Berlin

Umschlag: Matthias Hauer

Printed in Hongkong

ISBN 3-7913-2071-8

Meiner Tochter Jessie
und Nicholas gewidmet

Inhalt

METROPOLITAIN

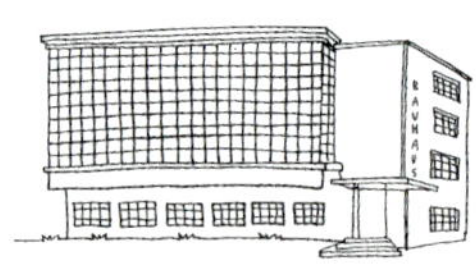

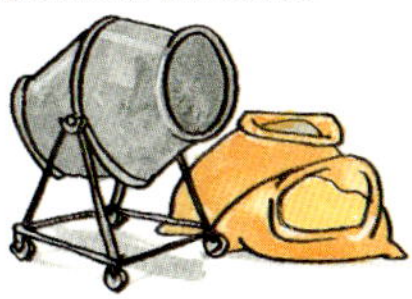

Einleitung

Technik

Diese Kästen präsentieren Innovationen, neue Techniken und Materialien – all das, was es dem Architekten ermöglicht, die ihm von vielen Seiten (der Schwerkraft, dem Geld ...) auferlegten Beschränkungen zu überwinden.

Viele Geschichten der Architektur haben versucht zu erklären, warum Gebäude so aussehen, wie sie aussehen. Manche von ihnen sind Detektivgeschichten, die die Geheimnisse der Vergangenheit entschlüsseln. Viele ähneln einer Erzählung, daß heißt, sie haben einen Anfang, eine Mitte – und enden dann irgendwo beim Modernismus im 20. Jh.

Das Erechtheion (421–406 v. Chr.) auf der Akropolis in Athen.

Dieses Buch will einen Überblick über die vielfältige Tradition der Baukunst vermitteln, ohne diese als fortlaufende Geschichte zu erzählen. Es bedient sich der gängigen stilistischen Kategorien und Klassifizierungen, mit denen die Kunstgeschichte Architekten und ihre Werke beschreibt und in einen historischen Zusammenhang stellt. Dabei geht es freilich nicht um alltägliche oder traditionelle Bauten, sondern um die Werke herausragender Architekten, nicht zuletzt auch um ihre theoretischen und Entwurf gebliebenen Werke. So weit wie

Die Stufenpyramide des Djoser in Sakkara, Ägypten.

möglich werden die verschiedenen Stile oder Kategorien dabei anhand bekannter Gebäude veranschaulicht.

Architektur ist primär eine Reaktion auf das menschliche Bedürfnis nach Obdach und Geborgenheit. Unterschiedliche Kulturen haben unterschiedliche Gebäudetypen hervorgebracht. Erst Klimaveränderungen, dann sich wandelnde religiöse Überzeugungen und Wirtschaftssysteme haben zu verschiedenen ›traditionellen‹ oder regionalen Gebäuden geführt, für die diejenigen Materialien verwendet wurden, die in ihrer

NAMEN AN DER WAND

Informationen über zeitgenössische Architekten und ihre Werke, aber auch über Maler, Bildhauer oder andere interessante Persönlichkeiten aus ihrem Umfeld.

Biographisches

Diese Kästen stellen erwähnenswerte Persönlichkeiten oder von ihnen entwickelte Verfahren vor, die im Haupttext nicht erwähnt oder nur kurz gestreift werden konnten.

Die von Andrea Palladio 1565 entworfene Kirche San Giorgio Maggiore in Venedig (Bauzeit 1565–1610).

Kleine Stilkunde

Diese Kästen enthalten die wichtigsten Erkennungsmerkmale der einzelnen Architekturstile und -richtungen, die Ihnen die Zuordnung von Gebäuden erleichtern sollen. Sie bieten aber auch Informationen zur persönlichen Handschrift eines Architekten, zu bestimmten Ansätzen oder Moden.

Umgebung vorhanden und leicht zugänglich waren. Die Auseinandersetzung mit dieser regionalen Architektur und dem mit ihr verbundenen Alltag ist fundamentaler Bestandteil unseres Verständnisses der ›conditio humana‹.

Doch Architektur kann noch vieles anderes sein. Eine stattliche Anzahl architektonischer Gebilde wollen mehr sein als bloße Gebäude, nämlich Kunstwerke – Baukunstwerke. Architektur als Geschichte veranschaulicht die Macht der Institutionen, also des Staates, der Krone oder der Kirche, mit ihren die Zeiten überdauernden Monumenten: den Schlössern, Palästen und Kathedralen. Architektur kann aber auch die physische Untermauerung wissenschaftlicher Erkenntnisse oder des technischen Fortschritts sein. Unzählige

Die Rolltreppen an der Fassade des von Renzo Piano und Sir Richard Rogers entworfenen CNAC in Paris (1971–74).

Anmerkungen

In diesen Kästen erlaubt sich die Autorin gelegentlich einige persönliche Kommentare zu einzelnen Richtungen, Stilen oder Architekten und ihrer Bedeutung. Werden sie überschätzt, oder verbirgt sich hinter einem unscheinbaren Bau womöglich eine revolutionäre Idee?

Das Guggenheim Museum in Bilbao, Spanien (1997), von Gehry.

›höchste Gebäude‹ und ›größte Spannweiten‹ zeugen davon. Und aus soziologischer Sicht ist die Bereitstellung hinreichend komfortablen Wohnraums für die Einwohner eines Landes ein Kennzeichen hochentwickelter Zivilisationen.

Wie auch immer ihre jeweiligen kulturellen Ansprüche lauten mögen, der Großteil der architekturhistorischen Publikationen befaßt sich vorrangig mit dem Erscheinungsbild von Gebäuden und vernachlässigt darüber ihre funktionale Aspekte, ihre Bau- oder Verwendungsweise. Die Texte und Abbildungen dieses Buches wollen daher versuchen, etwas von der sinnlichen Erfahrung eines Gebäudes zu vermitteln. Um ein Bauwerk auch nur annähernd begreifen zu können, muß man etwas über die Kultur wissen, die es hervorgebracht hat. Dieser Überblick ist nur ein erster Schritt, der

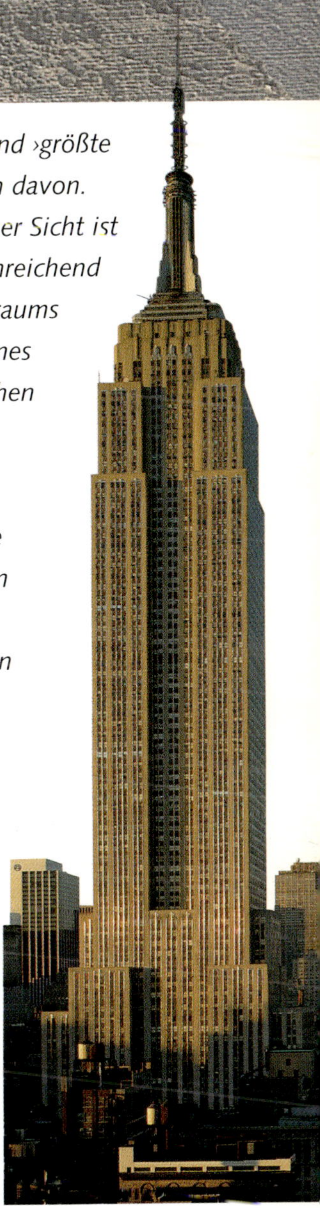

Das von Shreve, Lamb und Harmon entworfene Empire State Building in Manhattan (1929–31).

dem Leser die Grundlagen von Form und Struktur, von Licht und Dekoration vermitteln und ihm die Vorstellungen und Absichten der Menschen näherbringen will, die sie entworfen haben.

Die Radio City Music Hall in New York; reinstes Art Deco der dreißiger Jahre.

Die Architekturgeschichte wirkt mitunter wie eine endlose Serie von Neuauflagen bekannter Stile oder Richtungen mit vereinzelten heftigen Zäsuren, sobald ein markantes neues Gebäude entsteht. Die Beurteilung des häufig gleitenden Übergangs von einem Stil zu einem anderen bleibt zwangsläufig stets eine höchst spekulative Angelegenheit. Einerseits orientiert sich die Architektur, wie jede andere angewandte Kunst, an ihrer Vergangenheit, um erprobte und bewährte Bauweisen und vertraute Motive zu imitieren, andererseits blickt sie voll gespannter Erwartung in die Zukunft, sucht das Wagnis und Abenteuer des Neuen.

Das Kunstmuseum und die Bibliothek in Nîmes, Frankreich (1993), von Norman Foster.

Zwar sind die Gesellschaft und ihre Erwartungen an die Architektur inzwischen komplexer geworden, aber die Grundanforderungen haben sich nicht verändert. Wie William Richard Lethaby es in seinem Buch ›Architektur, Mystik und Mythos‹ vor fast 100 Jahren formulierte: »Große Kunst ist nicht eine Frage des Kopierens von Formen und Erscheinungsweisen, sondern eine schöne Antwort auf eine edle Herausforderung; lebendige Architektur wurde stets vorangetrieben, von Veränderung zu Veränderung.«

Einer der von Hector Guimard entworfenen Jugendstil-Métro-Eingänge in Paris (1899–1904).

Architektur ›gehört‹ uns allen. Anders als Malerei oder Musik, die man meiden oder leugnen kann, ist die Geschichte der Architektur mit ihren bleibenden Zeugnissen der Vergangenheit unser ständiger Begleiter. Unsere Erfahrung der Architektur ist die Erfahrung der Gebäude unserer Städte und Dörfer, der Rahmen, in dem sich unser Alltag, das Leben ganz normaler Menschen abspielt.

Hilary French

3100 v. Chr. Menes erobert das Delta-Königtum von Unterägypten und vereinigt das Land unter einer Krone. Memphis wird Hauptstadt.

3000–2800 v. Chr. Beginn der Kanalkonstruktion in Ägypten; Zeremonialgruppen verwenden Flöten und Trommeln.

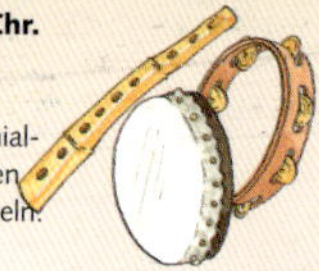

2400–2200 v. Chr. Einführung des vertikalen Webstuhls, der die horizontalen, im Boden verankerten Webstühle ablöst.

3400–900 v. Chr.

Die Macht der Pyramiden

Die Ägypter

Die Stufenpyramide des Djoser.

Man kann die gigantischen, anonymen und unpersönlichen Pyramiden als erste Beispiele der Monumentalarchitektur bezeichnen. Die steinernen Bauten waren für die Ewigkeit gedacht und symbolisieren die Bedeutung des Jenseits für die alten Ägypter – die Zeitlosigkeit der Seele im Gegensatz zur Vergänglichkeit des Körpers.

Die ältesten Pyramiden, etwa die von Djoser in Sakkara, waren Stufenpyramiden, und erst bei den späteren wurden die ›Stufen‹ ausgefüllt und geglättet. Die höchste ist die Cheopspyramide in Giseh mit zwei Grabkammern, einer breiten Galerie und mehreren Luftschächten. Auch die grundsätzlich rechtwinkligen Tempel wurden als dauerhafte Strukturen aus geschnittenen Steinen mit Säulen und aus horizontalen Balken bestehenden Oberschwellen konstruiert. Die Säulenspitzen (Kapitelle) sind Palmenblättern nachempfunden und von den schlichten, aus Lotuspflanzen, Schilf und Rohr bestehenden Häusern am Nil inspiriert. Man betrat die Pyramiden durch eine Bastion oder ein Pylon mit abgeböschten Mauern und einen Hof über eine von Sphingen gesäumte Allee.

Das Hypostyl, der Säulensaal, des Großen Tempels von Amun, Karnak, Theben (1530–323 v. Chr.).

Karnak und Luxor

Von der Architektur des Mittleren Reiches hat sich nicht viel erhalten, aber im Neuen Reich (1570–1085 v. Chr.) entstanden einige spektakuläre Bauten. In Karnak und Luxor gibt es gewaltige Hallen mit unzähligen ›Papyrussäulen‹ und Oberlichtern.

2000 v. Chr.
Die Ägypter erfinden den noch heute verwendeten Schaduf, mit dem man Wasser schöpfen kann, ohne sich bücken zu müssen.

1360–1280 v. Chr.
Tutenchamun wird in einem prachtvollen Grab beigesetzt.

1190 v. Chr.
Ramses III. vertreibt die aus dem östlichen Mittelmeer und dem Kaspischen Meer stammenden Piraten.

Der große Tempel in Abu Simbel hat eine Pylonenfassade mit Statuen, die über 20 m hoch sind. Viele traditionelle Tempel, etwa der Horustempel in Edfu und der Isistempel in Philae (280–250 v. Chr.), aus der ptolemäischen Zeit, die nach dem Zerfall des Reiches Alexanders des Großen begann, sind erhalten geblieben.

NAMEN AN DER WAND

Wir wissen zwar nur wenig über die Architekten dieser Zeit, aber es ist bekannt, daß **Imhotep**, der Architekt und Minister von **König Djoser**, die erste uns bekannte Pyramide in Sakkara (Ägypten) errichtet hat. Nicht immer ist die Zuschreibung so leicht. Eine Inschrift in Edfu besagt, daß der Plan für die Pyramide von Giseh göttlich inspiriert gewesen sei. Es ist eine Ironie der Geschichte, daß Imhotep selbst später in Unterägypten als Gott verehrt wurde. Im 20. Jh. hat sich der ägyptische Architekt Hassan Fathy (1900–1989) um die Wiederbelebung einheimischer Bautechniken (sonnengetrocknete Backsteine, passive Kühlsysteme) sowie den sozialen Wohnungsbau verdient gemacht.

N steht für...

Napoleon Bonaparte (1769–1821), Kaiser von Frankreich und der erste moderne Demagoge, hatte einen Sinn für das Schöne. Ägyptische Formen kannte man in Frankreich zwar bereits vor der Revolution, doch der Korse lernte die Pyramiden und vor allem die Obelisken erst auf seinem Feldzug von 1798 schätzen – als mit dem allgegenwärtigen ›N‹ verzierte Denkmäler für sich selbst. Doch schon bald sollte er den Empirestil bevorzugen und damit den Geschmack der Europäer nachhaltig prägen. Was er wohl zu der Glaspyramide gesagt hätte, die 1986 im Hof des Louvre errichtet wurde?

Die drei berühmten Pyramiden aus der Vierten Dynastie in Giseh, Kairo, sind die schönsten ›echten‹ Pyramiden.

800–750 v. Chr.
Entstehung der *Ilias* und der *Odyssee*. Sie stammen von Homer, möglicherweise aber auch von mehreren Verfassern aus Kleinasien oder einer anderen Region.

750–700 v. Chr.
Die Rhapsoden – umherziehende Sänger – werden professionell und begleiten sich selbst auf der Lyra.

580–540 v. Chr.
Die schwarzfigurige Keramik hat Hochkonjunktur. Die Motive stammen meist aus der Mythologie.

850–297 v. Chr.

Tempel und andere Erechtheien

Griechisch und Hellenistisch

Die zeitlose Schönheit antiker griechischer Gebäude ist unbestritten. Sie besitzen eine selbstbewußte Schlichtheit der Form, am Menschen ausgerichtete Maße sowie dem Material und der Konstruktionsweise angepaßte Dekorelemente. Auch die Beziehung zur Natur ist bedeutsam: Die Bauten wirken ›selbstverständlich‹, und die Theater sind in die Erde hineingebaut. Der großzügig bemessene Raum zwischen den Gebäuden, etwa die dem allgemeinen kommerziellen und philosophischen Austausch dienende Agora, veranschaulichen, daß den sozialen Strukturen der Stadt ebenso große Bedeutung zugemessen wurde wie den physischen.

Das ionische Erechtheion (421–406 v. Chr.) auf der Akropolis ersetzte den Tempel der Athena, der während der persischen Invasion zerstört wurde. Karyatiden tragen das Dach der Vorhalle.

Die noch heute existierenden Steingebäude haben dieselben Trägerstrukturen, die auch für Holzgebäude verwendet wurden. Die frühen Konstruktionsmethoden – Lehmziegelwände als Träger von Fenster- und Türstürzen – führten zu schlichten logischen Strukturen. Bei bedeutenden Gebäuden wie Tempeln wurde das Holz nach und nach durch Stein ersetzt. Die klassischen Tempel unterscheiden sich hinsichtlich ihrer Größe, doch weisen sie dieselben formalen Elemente auf und variieren das Grundthema eines rechteckigen umschlossenen Raums mit einem Säulenvorbau (Portikus). Die späteren, komplexeren Tempel haben mehrere Innenräume, Vorhallen an den Schmalseiten und Umgänge mit einer doppelten Säulenreihe an den Längsseiten. Das Mauerwerk wurde häufig mit einem Rohbewurf oder Stuck verkleidet und nach einem bestimmten Schema bemalt oder vergoldet.

Leuchtendes Blau wurde für Triglyphen und Gesimsblöcke verwendet, Rot für die Räume zwischen den Gesimsblöcken und Streifen, Blau mit goldenen Sternen für die Deckenpaneele, vergoldete Bronze für die Figuren.

Auch die Säulen und Friese unterscheiden sich stilistisch voneinander und bilden

um 387 v. Chr.
Platon gründet die Akademie in Athen, wo die ›jeunesse dorée‹ das Philosophieren lernt.

350 v. Chr.
Der Bildhauer Praxiteles schafft mit der *Aphrodite von Knidos* den ersten weiblichen Akt.

220–180 v. Chr.
Die Griechen führen die Stadtplanung ein. Die chaotischen Märkte von Ephesus und Milet werden abgerissen und durch klar gegliederte Plätze ersetzt.

NAMEN AN DER WAND

Die Griechen verwendeten als erste den Ausdruck ›Architekt‹ und führten auch als erste Vertragsstrafen im Bauwesen ein. Ein Gesetz in Ephesus legte fest, daß ein Architekt persönlich haftbar war, wenn seine ›Extras‹ 25% der Bausumme überschritten. Die Griechen suchten nach zeitlos gültigen Regeln für Form und Proportion, doch wurden sie dafür auch kritisiert. Der führende griechische Architekturtheoretiker **Hermogenes** löste mit dem Bau eines Tempels und dem Verzicht auf die dorische zugunsten der ionischen Ordnung einen heftigen Streit aus, als er erklärte, die Verteilung der Triglyphen und der Metopen sei umständlich und unharmonisch.

verschiedene Ordnungen. Die dorische Ordnung ist die älteste: Die Säulen sind wuchtig, kanneliert und verjüngen sich zur Spitze hin. Sie haben ein schlichtes quadratisches Kapitell und keine Basis. Die ionischen Säulen sind in der Regel schlanker und feiner kanneliert, besitzen eine quadratische Basis und haben ein Kapitell, das aus einem rechteckigen Block geschnitten ist und an den Seiten Voluten aufweist.

Hellenistisch

Die im 5. Jh. v. Chr. in Athen entstandene korinthische Ordnung mit aufwendigeren Kapitellen wurde erst zur Herrschaftszeit Alexanders des Großen richtig populär. Das Olympieion (Ende 6.Jh./um 175 v. Chr –um 130 n. Chr.) ist der früheste großformatige Bau, bei dem die korinthische Ordnung angewendet wurde. Unter Alexander wurde auch die Stadtplanung rigider. Die Pläne für Alexandria, Priene und Milet sahen monumentale Bauten vor. Auch bei der Konstruktion von Verteidigungsstrukturen und Befestigungsanlagen gab es große Fortschritte.

Der andere Blickwinkel

Die Griechen waren Perfektionisten. Wären die Säulen kerzengerade, so würden sie konkav wirken, und wären die horizontalen Stylobate – die oberste Stufe mit Plattform, auf der die Säulen stehen – und Simse tatsächlich waagerecht, sähe es so aus, als sackten sie in der Mitte durch. Daher sind Säulen grundsätzlich konvex, ›gebaucht‹. Die Säulen des Parthenon sind außerdem 60 mm nach innen geneigt, und der Stylobat in der Mitte der Schmalseiten etwa 60 mm nach oben und an den Langsseiten etwa 110 mm nach unten gekrümmt.

Der dorische Parthenon (447–436 v. Chr.) ist das zentrale Gebäude auf der Akropolis in Athen.

44 v. Chr. Julius Cäsar wird an den Iden des März (15.) von seinem Freund Brutus und anderen Verschwörern ermordet.

30 n. Chr. Jesus von Nazareth wird in Jerusalem gekreuzigt.

330 Der römische Kaiser Konstantin verlegt den Regierungssitz nach Konstantinopel (später Byzanz, dann Istanbul).

509 v. Chr. – 1200 n. Chr.

Imperiales Bauen

Rom und Byzanz

Aquädukt Pont du Gard bei Nîmes.

Das Innere der Hagia Sophia, Istanbul (532–537).

Als Nachfolger der Etrusker begründeten die Römer ein Imperium, das sich ausgehend von einigen italienischen Staaten im Westen über einen Großteil Europas und im Osten bis zum persischen Reich erstreckte. Die Römer untermauerten ihre Dominanz durch eine umfassende Gesetzgebung und die Kontrolle über die von ihnen beherrschten Gebiete, indem sie, unabhängig von den geographischen Gegebenheiten, pfeilgerade Straßen bauten und die Städte nach einem Gitternetzmuster anlegten.

Das römische Forum, ein rechteckiger, umfriedeter Platz, der die freie Bewegung einschränkt, ist das Gegenstück zum offenen Raum der Griechen – und Ausdruck des Übergangs von der Demokratie zum Imperium. Auch die Bautechniken, mit denen die Römer die Landschaft mit Aquädukten, gewaltigen Thermen und Verwaltungsbauten überzogen, unterschieden sich beträchtlich. Während die Griechen Säulen und Balken verwendeten, bevorzugten die Römer Mauern. Diese bestanden aus Back- oder Naturstein, waren wesentlich höher und hatten diverse Öffnungen, darunter halbkreisförmige Bögen. Mit Mörteltechnik ließen sich massive Gebäude errichten. Die klassischen Ordnungen wurden – mit leichten Variationen – auf Mauern und Wänden zu Schmuckzwecken verwendet.

Byzantinismus à la russe

Steinmetze, die in Byzanz von Wladimir I. angeheuert worden waren, brachten neue Techniken sowie die Kuppelform nach Rußland. Die Pyramidalform blieb mit leichten Variationen erhalten, wurde aber häufig durch Kuppeln auf einem gelängten Tambour aus massivem Mauerwerk modifiziert. Auch die Basiliuskathedrale auf dem Roten Platz in Moskau weist eine solche Struktur auf: ein achtzackiger Stern als Grundriß, ein großer Zentralraum mit einem ursprünglich offenen Umlauf und Kuppelapsiden. Die aufwendigen Dekorationen und exotischen Zwiebelkuppeln wurden erst im 17. Jh. hinzugefügt.

Frühchristlich, 200–400 n. Chr.

Die frühchristlichen Gebäude stammen von etwa 200 n. Chr.: Katakomben, meist kreisförmige Märtyrerstätten sowie Gebetshäuser. Nachdem das Christentum im Jahr 391 Staatsreligion im Römischen Reich geworden war, wurde die Basilika zum bevorzugten Kirchenbau, da sie sich

410 Plünderung Roms durch die Goten; die Römer verlassen England.

425 Bau des Mausoleums der Galla Placidia in Ravenna. Die Mosaiken im Innenraum bezeugen den Einfluß von Byzanz.

527 Justinian wird Kaiser des oströmischen Reiches; mit seiner Frau Theodora begründet er eine in politischer, gesetzgeberischer und architektonischer Hinsicht triumphale Ära.

NAMEN AN DER WAND

Unser Wissen über die römische Architektur verdanken wir den Schriften des **Vitruv**, von dem nicht bekannt ist, ob er selber Architekt war. Daß Kaiser **Hadrian** auch Architekt war, steht hingegen nicht zur Debatte, auch wenn ihm sein eifersüchtiger jüngerer Kollege **Apollonius von Damaskus** geraten hatte, »es bleiben zu lassen und lieber Kürbisse zu malen«. Die Enthauptung des Apollonius nach einem weiteren Ratschlag dieser Art bereitete jeglicher Kritik ein Ende. Den Römern verdanken wir die Erfindung der Mörteltechnik, Sportstadien, Freizeitanlagen und Bauverordnungen.

ideal als Versammlungsort der Gemeinde eignete. Sie hat einen rechteckigen Grundriß mit einem erhöhten, durch Obergadenfenster illuminierten Mittelschiff, das von durch Säulen abgetrennte Seitenschiffen flankiert wird. Am halbkreisförmigen Ende (Apsis), ursprünglich der Platz des Richters, steht der Altar.

Byzantinisch, 400–1200 n. Chr.

Kaiser Konstantin verlegt die Hauptstadt im Jahr 330 nach Byzanz (Konstantinopel). Klassische Motive und römische Bautechniken werden übernommen, aber auch der östliche Einfluß bleibt erhalten. Konzeptionelle Schlüssigkeit, ausgewogene Proportionen und strukturelle Raffinessen waren mindesten ebenso wichtig wie die emotionale oder sinnliche Wirkung. Die von dem Mathematiker Anthemios errichtete Hagia Sophia (532–537) ist das aufsehenerregendste Gebäude. In der mittleren byzantinischen Periode (9.–12. Jh.) verlangte die Symbolik der Gemälde und Mosaiken bestimmte formale Lösungen. Der Kreuzkuppelgrundriß mit einer zentralen höheren Kuppel auf einem Tambour, die häufig von kleineren Kuppeln über den Apsiden umgeben war, wurde zur Regel.

Hauptsache Auffallen

Mit der Ausweitung des Römischen Reiches stieg auch die Zahl der Triumphbögen für die siegreich heimkehrenden Generäle. So entstand etwa der Titusbogen nach der Zerstörung Jerusalems nach 81 n. Chr. Doch bereits im 1. Jh. v. Chr. errichtete man – wenn auch anfangs nur provisorische – Triumphbögen. Später wurden dauerhafte Bögen zu einem typischen Kennzeichen Italiens, ja des ganzen Römischen Reiches. Die ein- oder dreibögigen Bauten zeugen nicht nur von den Fertigkeiten der Architekten, Steinmetze und Bildhauer, sondern auch vom Hang der Römer, sich selbst kräftig auf die Schulter zu klopfen.

Das Kolosseum in Rom (70–82 n. Chr.), ein typisches Amphitheater mit Gladiatorenarena.

800 Karl der Große wird Kaiser des Heiligen Römischen Reiches; Einigung der Westkirche im Zeichen der benediktinischen Ordensregeln.

1066 William der Eroberer besetzt den englischen Thron und führt den ›normannischen‹ Baustil ein.

1096 Die Cluniazenser beginnen sich rasch auszubreiten. Überall in den neu errichteten Sakralbauten erklingen Gregorianische Gesänge.

700–1200

Superschwergewicht

Romanisch und Normannisch

Die Bezeichnung ›Romanisch‹ stammt aus dem 19. Jh. und bezeichnet Bauten, die auf römische Formen und Konstruktionsweisen zurückgreifen. Der stark verallgemeinernde Begriff umfaßt eine große zeitliche und geographische Spanne. Romanische Bauten sind massiv, solide, schlicht, und man erkennt sie in der Regel an den Rundbögen. Außenraum und Innenraum stehen in Wechselwirkung zueinander.

Die Kathedrale von Durham (1093–1133) mit alternierenden Rundpfeilern und Flachreliefdekoration.

Sie ist zwar weder so imposant wie die Repräsentationsarchitektur der Römer, noch verströmt sie das Geheimnis der byzantinischen Bauten, doch dafür besitzt die romanische Baukunst etwas Malerisches, fast Freundliches. Die unter William dem Eroberer begonnene Abbaye-aux-Hommes in Caen (1060–81) mit zwei viereckigen Türmen an der Westfassade und Rundbögen ist ein typisches Beispiel für die prächtigen Kirchen in der Normandie. Ursprünglich hatte sie ein Holzdach.

Die karolingische Architektur – eine Form des romanischen Stils – findet sich in Frankreich, Deutschland und den Niederlanden. Sie ist nach Karl dem Großen benannt, der für eine Rückkehr zum konstantinischen Christentum eintrat und die – leicht veränderte – Grundform der Basilika bevorzugte: hoch aufragende Türme, wuchtige Ost- und Westabschlüsse sowie die für die Romanik typische massive Bauweise. Die Pfalzkapelle in Aachen

Kleine Stilkunde

Was man unter ›romanisch‹ versteht, hängt häufig davon ab, woher man kommt. Rundbögen allein sind noch kein hinreichendes Kennzeichen, denn die französischen Bauten am Ärmelkanal und die in Sizilien haben nicht viel miteinander gemein, obwohl die Normannen lange Zeit in beiden Gegenden lebten. Manche Gebäude haben Rundbögen, andere nicht, und dennoch bezeichnen die Kunsthistoriker beide als romanisch. Auch hinsichtlich der Größe der Gebäude gibt es beträchtliche Unterschiede.

1098 In Burgund wird der Zisterzienserorden gegründet. 1200 gibt es bereits über 500 Zisterzienserabteien in Europa.

1139 Alfonso Henriques, Graf von Portugal, ernennt sich selbst zum König und zwingt englische Kreuzritter dazu, die Mauren aus Lissabon zu vertreiben.

1334 Pest in Konstantinopel. Durch Genueser Kaufleute wird der ›Schwarze Tod‹ im Westen verbreitet. Mönche und Städter sind die Hauptbetroffenen.

ist der spektakulärste Bau aus dieser Epoche.

In der italienischen Romanik dominiert die malerische Qualität. Der Turm (Campanile) steht separat von der Kirche, und Außenarkaden sind keine Seltenheit. Am bekanntesten ist der Dom von Pisa (1063–1118, 1261–72) mit seinem schiefen Campanile und Arkaden auf allen Ebenen sowie drei weiteren Bogenreihen an der Fassade des Doms.

Hauptsache Ruhe

Die Strenge des mittelalterlichen Mönchslebens, die Pracht der Klöster und die Macht der Orden stellen eine eigentümliche Mischung dar. In Großbritannien hat sie Künstler aller Art inspiriert. Wordsworth ohne Tintern Abbey, Turner ohne Byland und das ›Picturesque Movement‹ ohne Fountains, Whitby oder Rievaulx sind schwer vorstellbar. Der Friede, der von diesen Orten ausgeht, zeugt vom Glauben und der Kunstfertigkeit ihrer Erbauer und läßt drei Jahrhunderte heftiger Konflikte zwischen Kirche und Staat in Vergessenheit geraten.

Normannisch

In England heißt der romanische Stil ›normannisch‹. Er beginnt mit der unter Edward dem Bekenner errichteten Westminster Abbey. Fast alle Kathedralen und Abteikirchen jener Zeit wurden wiederaufgebaut, einige mit Variationen: Ely hat einen einzelnen Westturm, die Fassade von Lincoln weist Nischen auf. Eine Ausnahme von den üblichen Holzdachkonstruktionen bildet die Kathedrale von Durham (1093– 1133) mit ihrem Kreuzrippengewölbe, einem der frühesten dieser Art. Die Ruinen der Fountains Abbey in Yorkshire (1157–1200) vermitteln die umfassendste Vorstellung von mönchischer Baukunst und dem Leben in geschlossenen Gemeinschaften. Zu diesen zählten auch die auf Hügeln errichteten normannischen Burgen, die Festungstürme hatten und oft von einem Wassergraben und einer Burgmauer umgeben waren, etwa der White Tower in London (1086–97) sowie Orford, Suffolk (1166–72).

NAMEN AN DER WAND

In dieser Zeit verschwindet der Begriff Architekt in Europa aus dem allgemeinen Sprachgebrauch. An seine Stelle treten eigentümliche Theorien über umherziehende Steinmetzgilden, die für die zahlreichen Bauaktivitäten verantwortlich gemacht werden. Doch letztlich war wohl Gott die Ursache, auch wenn der Kleriker Pierre Le Chantre 1180 meinte, daß die Bauleidenschaft eine auf Lug und Trug beruhende Sünde sei.

Der berühmte Schiefe Turm von Pisa (1173–1271) mit seinen Schmuckarkaden.

1096 Der erste Kreuzzug ins Heilige Land. Muslime und Christen bekämpfen einander.

1137 Erfindung der Strebepfeiler, die die Gewölbemasse der Kathedrale tragen. Dadurch werden die Wände dünner und die Fenster zahlreicher.

1144 Robert de Mont-Saint-Michel beschreibt in ekstatischen Worten den Bau der Kathedrale von Chartres.

1100–1250

Näher zu Gott

Gotik

Die gewaltigen gotischen Kathedralen mit ihren zahllosen Strebepfeilern überragen majestätisch die sie umgebende Landschaft und heben sich mit ihrem durchbrochenen Mauerwerk reizvoll gegen den Himmel ab. Auch im Inneren vermitteln sie den Eindruck, als wollten sie sich von allem Irdischen lösen: schmale Pfeiler wachsen in ungeahnte Höhen, und milchiges Tageslicht ergießt sich durch die Buntglasfenster der Obergaden und das kunstvolle Maßwerk. Gotische Kathedralen repräsentieren eine Synthese von Gott, Mensch und Natur. Sie stellen die vollendete Kombination religiöser Symbolik mit logischen und effizienten Strukturen dar.

Die Westfront von Notre-Dame in Paris entstand zwischen 1220–1250.

Hauptsache groß

Die Größe spielte bei gotischen Kathedralen eine wichtige Rolle. Die Kathedrale von Amiens (1220–70) vermochte die gesamte Bevölkerung der Stadt zu fassen, und die von Straßburg (1245–75) ist so hoch wie ein vierzigstöckiges Gebäude. Die Kathedrale von Beauvais hingegen, die die größte von allen werden sollte (Baubeginn 1220), wurde nie fertiggestellt, da 1284 ein Teil des Gewölbes zusammenbrach. Die Kathedrale besteht daher lediglich aus dem Chor und den Querschiffen.

Das Wesentliche an gotischen Gebäuden ist ihre Struktur – die Kombination von Strebepfeilern, Spitzbögen und Kreuzrippengewölben. Diese Elemente bilden ein käfigartiges Raumskelett, das nur sehr dünne und leichte Zwischenwände erforderlich macht. Wegen des geringeren Gewichts lassen sich größere Räume überspannen, Bögen und Kreuzrippengewölbe verlagern die vertikale Raummasse auf einzelne Pfeiler. Durch brückenartige Bögen verbundene Strebepfeiler fangen die Druck- und Schubkräfte auf, so daß massive Mauern überflüssig werden und der Raum zwischen den Säulen von Fenstern eingenommen werden kann. Auch alle anderen Elemente haben klar umrissene Funktio-

1174 Der Franzose William von Sens leitet den Neubau der Kathedrale von Canterbury und verletzt sich bei einem Sturz schwer.

1180 In Frankreich wird die erste Windmühle der westlichen Welt in Betrieb genommen.

1226 Ludwig IX. (der Heilige) wird König und Paris mit seiner Universität zum intellektuellen Zentrum der Christenheit.

nen. Die lineare Struktur des Baus wird an seinem östlichen Ende durch eine halbkreisförmige Apsis abgeschlossen und im Westen durch zwei mächtige Türme von quadratischen Grundriß über den Seitenportalen. Die Fialen auf den Strebepfeilern verleihen diesen zusätzliches Gewicht. Die Türme dienen als weithin sichtbare Orientierungspunkte und verbreiten das Glokkengeläut in der ganzen Umgebung.

Symbolik

Der Bau der großen gotischen Kathedralen ging mit einem veränderten Weltbild einher. Gott war keine unbekannte, bedrohliche Macht mehr, an die man blind glauben mußte, sondern eine sichtbare Größe, die den Menschen nach ihrem Bild schuf und deren Reich die Natur ist. Die Kirche verkündet die Geschichte dieses Gottes. Die Heiligen und Apostel sind keine anonymen Wesen mehr, sondern als Figuren in den Gewänden des Portals dargestellt. Gewaltige, an Bäume erinnernde Säulen, die in einem Geäst aus Kreuzrippen enden, ahmen die Natur nach. Die Querschiffe, die die Linearität des Hauptschiffs durchbrechen, verleihen dem Bau den Grundriß eines lateinischen Kreuzes. Der gewaltige Innenraum ist von Musik und Weihrauchschwaden erfüllt. Hoch über dem Hauptschiff erhellen die Obergaden das ›Himmelsgewölbe‹ und erzählen Geschichten aus Farbe und Licht. Die Bedeutung des Individuums schwindet inmitten dieser gewaltigen Räume.

Spanien

In Spanien finden sich vergleichsweise wenige gotische Kathedralen. Die von Sevilla (1402–1519) ist besonders ungewöhnlich. Sie wurde auf dem quadratischen Fundament einer Moschee errichtet, die durch die Verdoppelung der Seitenschiffe ›gotisiert‹ wurde. Das Ganze ist eine merkwürdige Mischung von christlichen und maurischen Elementen. Der Orangenbaumhof, ursprünglich ein Vorhof für rituelle Waschungen, dient als kurioser Eingangsraum, der Glockenturm war ursprünglich ein Minarett. Auch die berühmte Mesquita in Cordoba mit ihren maurischen Hufeisenbögen wurde im 13. Jh. christianisiert, indem man sie um einen gotischen Abschnitt erweiterte.

Gewölbe – das Überbrücken von Räumen

Das Kreuzrippengewölbe war eine bahnbrechende Erfindung. Bei den Tonnengewölben der Romanik nahm das Gewicht mit wachsendem Raumvolumen ständig zu, so daß das tragende Mauerwerk immer massiver wurde und abgestützt werden mußte. Das Kreuzrippengewölbe hingegen erlaubt den Verzicht auf überflüssiges Material und lenkt die Druck- und Schubkräfte auf die Säulen um. Die Strebepfeiler stehen für sich und wirken wie eine zusätzliche Säulenreihe.

Fächergewölbe (Detail)

Das Kreuzrippengewölbe läßt die Räume immer höher werden.

1202 Leonardo da Pisa (eigentl. Fibonacci) macht in seinem *Liber Abaci* die Christen mit den arabischen Ziffern vertraut.

1291 In Venedig wird durchsichtiges Glas und damit das Fenster erfunden.

1300 Ein bescheidener, bis heute nur als False Geber bekannter Alchemist entdeckt die Schwefelsäule.

1200–1450

›Strebewerk‹ zu Gott

Gotik, die zweite!

Eine Fensterrose mit Buntglasscheiben.

Die meisten gotischen Kathedralen finden sich in Frankreich und England, aber die französischen Architekten wagten kühnere Konstruktionen als ihre englischen Kollegen. Sie schufen wesentlich höhere, häufig vielschiffige Bauten mit einem mehrgeschossigen Strebepfeilersystem und besonders hohen und spitzen Türmen (›flèches‹) über der Vierung. Auf der Ostseite schloß die französische Kathedrale mit der Chorapsis, in der Regel mit abzweigendem Kapellenkranz.

Der früheste gotische Bau ist der wiederaufgebaute Chor der Abtei Saint Denis bei Paris (1140) mit sieben Umgangskapellen. Notre-Dame de Paris (1163) ist der Inbegriff der französischen Gotik. Die Kirche ist enorm hoch (32 m), besitzt drei Ebenen mit Strebepfeilern, doppelte Seitenschiffe sowie eine Chorapsis mit mehreren Kapellen. Die Westfassade hat zwei rechteckige Türme und Rundfenster. Die Pilgerkirche von Chartres (1194–um 1220) ist die populärste unter den Kathedralen. Die Westtürme und das Hauptschiff sind Teile eines älteren (1135–60) durch Feuer zerstörten Baus. Um große Scharen von Gläubigen aufnehmen zu können, besitzt der Bau gewaltige Querhäuser mit breiten Seitenschiffen und Dreifachportalen auf beiden Seiten.

Der Rayonnantstil im Frankreich des 13. Jh. war eine Reaktion auf die gewaltig dimensionierten Kathedralen und hatte wesentlich kleinere Kirchen zur Folge. Die Sainte Chapelle in Paris (1243) ist ein ganz besonders schöner Raum: ein schlichtes Rechteck mit einer Ostapsis und zur

Skulptur im Wandel

Ganz egal, welche gotische Kathedrale in Europa man besucht, mit das erste, was man sieht, sind die Skulpturen in den Nischen am Westportal und der weiteren Außenseite. Dabei handelt es sich meist um Darstellungen von Propheten, Aposteln und Heiligen in faltenreichen Gewändern oder um biblische Gestalten, etwa Jakobs Traum (an der Westfassade der Bath Abbey). Die Anordnung der teilweise bemalten Figuren folgt einem genauen theologischen Plan. Während die Skulpturen im 13. Jh. sozusagen das Tüpfelchen auf dem i waren und von Meistern ihres Fachs geschaffen wurden, behandelte man ihre Schöpfer im 15. Jh. wie einfache Steinmetze.

Kleine Stilkunde

Wohl der bekannteste Baustil in Europa, den man mit Kathedralen, Kreuzrippengewölben, Strebepfeilern, Triforien und hohen Obergadenfenstern assoziiert. Einige dieser Merkmale gab es bereits vor 1200 andernorts. Die Kunsthistoriker bezeichnen die Abtei von St. Denis als ersten gotischen Bau. Doch nicht überall entwickelte sich der Stil auf dieselbe Weise. Davon zeugen z. B. die Kathedrale von Canterbury und der Kölner Dom – eine Mischung aus französischen und deutschen Stilelementen.

1381 Wat Tyler und Jack Cade führen den Bauernaufstand in England an. Am Klassensystem verändert sich nichts.

1387 Deutsche Experten erneuern den Dom von Mailand im nordgotischen Stil.

1415 Der Duc de Berry gibt 12 Schlösser und ein Buch in Auftrag, in denen er diese stolz präsentiert: *Les Très Riches Heures du Duc de Berry*.

Nahsicht einladende, spektakuläre Buntglasfenster. Außen ist der kleine Bau mit Fialen und Ziertürmchen gespickt.

England

Die Gotik umfaßt mehr als drei Jahrhunderte und läßt sich noch weiter differenzieren. In England unterteilt man sie grob nach Jahrhunderten, wobei im allgemeinen die Komplexität des Maßwerks als Anhaltspunkt dient. Der ›Early English style‹ des 13. Jh. wird wegen der steilen Spitzbogenfenster gelegentlich als ›Lanzettstil‹ bezeichnet. (Trinity Chapel in der Kathedrale von Canterbury). Große Teile der Westminster Abbey wurden zwischen 1245 und 1269 im ›Early English style‹ umgestaltet. Danach folgte der ›Decorated style‹ (etwa 14. Jh.), der wegen seiner verschlungenen, fließenden Formen mitunter als ›krummlinig‹ bezeichnet wird.

In der letzten Phase der Spätgotik dominiert der für England typische ›Perpendicular style‹. Das Maßwerk weist wieder gradlinigere Muster mit zahlreichen vertikalen Unterteilungen auf. Die Kapelle Henrys VII. in Westminster (1503) und das King's College in Cambridge (1446) sind die prächtigsten Beispiele jener Zeit. Trotz der relativ schlichten Grundrisse (Rechtecke mit apsidialen Ostenden) sind die hohen, lichtdurchfluteten Räume äußerst eindrucksvoll. Das raffinierte Gewölbe dient bei beiden Bauten vor allem Dekorationszwecken.

NAMEN AN DER WAND

Aufgrund der Ungewißheit, die mit so manchem architektonischen Experiment einherging, erhielten viele Steinmetze stattliche Vorschüsse, damit sie sich um die Pflege ihrer Gebäude kümmerten und dafür keine anderen Aufträge annahmen. Weniger glückliche Kollegen wurden mit radikaleren Lösungen konfrontiert. Die **Gräfin Albereda von Bayeux** etwa ließ ihren Architekten enthaupten, um sicherzustellen, daß er kein Schloß mehr bauen würde, das dem ihren ebenbürtig wäre. Und in Deutschland wurde ein Ritter, der sich von seinem Glauben gedrängt fühlte, am Bau eines Gotteshauses mitzuwirken, von Handwerkern mit Hämmern totgeschlagen und in den Rhein geworfen.

Die Kathedrale von Chartres (1195–1220) hat zwei Türme.

1403 Venedig verhängt eine Quarantäne für Neuankömmlinge, um ein Wiederaufleben der Pest zu verhindern.

1414 Die Florentiner Medici werden die offiziellen Bankiers des Papstes.

1418 Henry V. von England erobert Rouen, die Hauptstadt der Normandie.

1420–1550

Mehr Licht!

Renaissance

Albertis Palazzo Rucellai, Florenz (1446–51), ein frühes Beispiel für die Verwendung von Ornamentordnungen an der Fassade eines Wohnhauses.

›Architektur‹ in Buchform.

Was ist Renaissancearchitektur? Die Antwort auf diese Frage hängt davon ab, wie puristisch man ist. Für manche umfaßt sie Gebäude von der florentinischen Architektur des 15. Jh. bis in die Mitte des 18. Jh., als dieser Stil sich in Frankreich und Österreich durchsetzte. Andere lassen den Begriff lediglich für die Zeit bis zur Mitte des 16. Jh. gelten, die durch die illusionistischen Erfindungen des Barock bzw. den konservativen Klassizismus abgelöst wurde.

Allen diesen Phänomenen gemeinsam ist der Bruch mit dem feudalen Mittelalter und das neue entflammte Interesse am antiken Rom. Am Anfang standen detaillierte Zeichnungen antiker Werke, die sich in gedruckter Form zu Musterbüchern für die richtige Anwendung der klassischen Ordnungen entwickelten. Die Werke derjenigen, die diese Regeln mißachteten oder zu sehr von ihnen abwichen, wurden abschätzig als Manierismus, Barock oder Rokoko bezeichnet. Heute verwendet man diese Begriffe nur noch deskriptiv und nicht mehr wertend.

Ordnung muß sein

Die Ordnungen der Architektur beziehen sich auf die Säulen, die verhindern, daß so manches offizielle Gebäude – Banken, Rat- und Opernhäuser – einfach in sich zusammensackt. In aller Regel besitzen diese ›Stützen der Gesellschaft‹ eine Basis, einen Schaft und ein Kapitell (der obere Teil) und sind hinsichtlich ihrer Maßverhältnisse aufeinander abgestimmt. Dorische Säulen – zumindest die griechischen – haben jedoch keine Basis; ionische ein Volutenkapitell und die korinthischen eine Basis und Kapitell mit Akanthusblättern.

Vom Handwerker zum Intellektuellen

Früher waren Architekten Handwerker, die unmittelbar am Baugeschehen beteiligt waren. Doch als sich parallel zur kulturellen Vorherrschaft der Kirche und dem Patronat wohlhabender Familien eine neue Stimmung unter den Künsten breitmachte, begann man zwischen dem Gestaltungs- und dem Bauprozeß zu unterscheiden. Architekten besaßen nun den Status des kreativen Intellektuellen. Diese Entwicklung ging mit der Gründung der ersten italienischen Akademien in der zweiten Hälfte des 16. Jh. einher.

1431 In Frankreich wird Johanna von Orléans wegen Hexerei auf dem Scheiterhaufen verbrannt.

1446 In Italien floriert der von Brunelleschi mitbegründete Renaissancestil, in England beginnt man mit dem Bau der Kapelle des gotischen King's College.

1506 Papst Julius II. legt den Grundstein für den Petersdom in Rom.

NAMEN AN DER WAND

Als das Interesse an der römischen Bauweise wiedererwachte, existierte die Architektur nach Ansicht des Kunsthistorikers **Vasari** (16. Jh.), der die Gotik mit dem Barbarentum verglich, nicht mehr. Kaum jemand, der nicht von Rom fasziniert gewesen wäre. **Brunelleschi** soll sprachlos gewesen sein, als er die ›ewige Stadt‹ zum ersten Mal sah. Andere nutzten jede Gelegenheit, um in Rom Skizzen anzufertigen. **Giovan-Maria Falconetto** machte sich angeblich nur deshalb auf die lange Reise von Verona nach Rom, weil er die Debatte um ein Gesims für sich entscheiden wollte.

Buchdruck

Die Erfindung des Buchdrucks hatte die Publikation der ersten Architekturbücher und -traktate zur Folge. Albertis *De re aedificatoria* (1452/85) formulierte eine Reihe von Gestaltungsregeln auf der Grundlage der Schriften des Vitruv (1. Jh. v. Chr.). Serlios (1475–1554) *L'Architettura* (1537–51/75) diente als Handbuch für Architekten und Bauherren. Palladios theoretische Schriften, die mit Beispielen seiner eigenen Werke und solchen aus der Antike illustriert waren, übten einen großen Einfluß aus. Bis ins 18. Jh. wurden sie regelmäßig konsultiert. Das einzige Werk mit Beispielen aus dem Mittelalter und der Antike war Scamozzis *L'idea dell'Architettura universale* (1615).

Auf die Perspektive kommt es an

Leon Battista Alberti (1404–1472) war ein klassischer ›Renaissancemensch‹. Er bevorzugte Qualität vor Quantität, das heißt, er entwarf mehr Gebäude, als er tatsächlich baute. Doch Alberti ist einer der wichtigsten Architekturtheoretiker und beeinflußte mit seinem Werk *De re aedificatoria*, der ersten zusammenhängenden Publikation über die klassischen Ordnungen, ganze Generationen von Architekten, auch wenn viele Dinge, die in diesem Werk von zehn Büchern stehen, aus anderen Quellen stammen.

Brunelleschis Findelhaus, Florenz (1421–44) eher toskanisch-romanisch als römisch-antik.

1450 Florenz schließt mit Mailand und Neapel Frieden, was auch den Künsten zugutekommen soll. Alberti erfindet eine Maschine zum Messen der Windgeschwindigkeit.

1450 Revision des von Julius Cäsar in Auftrag gegebenen Kalenders, der mittlerweile um 10 Tage ›abweicht‹. Die Neuberechnung ist erst 1582 abgeschlossen.

1452 Alberti verfaßt sein Traktat, in dem e die pythagoräischen Proportionen der Mat matik und Musik auf 3-D Welt anwendet.

1420–1500

Kuppel, Kuppel über alles

Brunelleschi und Alberti

Die oktogonale, mit Rippen versehene Kuppel des Florentiner Doms von Brunelleschi (1420–36).

Macht und Einfluß sind die Schlüsselbegriffe der Frührenaissance in Italien. Die Tage des etablierten Erbadels waren vorüber. An die Stelle der Aristokratie traten die heute berühmten Kaufmannsfamilien der Medici in Florenz, der Visconti und Sforza in Mailand. Mit dem neuen Reichtum entwickelte sich ein neuer Trend, das Mäzenatentum. Es wurde Mode, Kunst und Künstler zu fördern und große Paläste und Kirchen errichten zu lassen. Die Fülle an Gebäuden und das Aufblühen von Malerei und Bildhauerei in diesem Zeitraum ist auch der Förderung durch diese neue Klasse der Kaufleute zu verdanken.

Es war eine Zeit geistiger und künstlerischer Höchstleistungen; Intellektuelle waren auf der Suche nach Ordnung und Sinn; Maler entdeckten die Regeln der Perspektive; Bildhauer enthüllten die Strukturen der menschlichen Anatomie; und Architekten entwickelten einen völlig neuen Formenkanon mit äußerst beeindruckenden Resultaten.

Brunelleschi

Filippo Brunelleschi (1377–1446) begann seine Laufbahn als Goldschmied und Bildhauer und schuf die erste große Renaissancekuppel für die Kirche Santa Maria del Fiore (1436), den Dom von Florenz. Er schlug den Bau einer oktogonalen Vierungskuppel ohne Stützgerüste vor und realisierte diesen Plan zum allgemeinen Erstaunen mit Hilfe einer sich selbst tragenden halbkugelförmigen Kuppel als Schale, die in die oktogonale Kuppel integriert wurde.

Neben seinen Experimenten mit innovativen Strukturierungstechniken nutzte er die Geometrie auf bis dahin unbekannte Weise. Die Alte Sakristei (1428) in der Kirche San Lorenzo ist solch ein Meister-

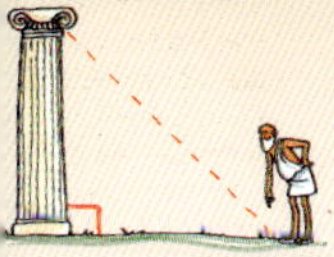

1454–47 Uccello malt sein Schlachtgemälde für den Palazzo Medici. Es präsentiert Raum, Perspektive und Dreidimensionalität auf neue Weise.

1458 Die Türken plündern die Akropolis in Athen.

1472 Iwan der Große ernennt sich selbst zum Zar von Rußland und heiratet die Nichte des letzten byzantinischen Kaisers. Moskau soll das neue Konstantinopel werden.

stück. Der Entwurf entwickelte sich aus der Überlagerung zweier Kugeln mit unterschiedlichem Durchmesser, deren eine in einem Kubus enthalten ist und deren andere dessen Äußeres durchdringt. Die dramatische räumliche Wirkung wird durch den starken Kontrast zwischen den weißen Gipsoberflächen der Wände und dem grauen Mauerwerk unterstrichen. Der Architekt wurde von der toskanischen Romanik des 12. Jh. angeregt.

Alberti

Während Brunelleschi sein Werk auf romanische und mittelalterliche Quellen zurückführte, ließ sich Leon Battista Alberti (1404–1472) vom antiken Rom inspirieren. Seine Fassade von Santa Maria Novella in Florenz (1456–70) wurde häufig kopiert. Beim Palazzo Rucellai (1446–51), einem schlichten dreistöckigen Bau, benutzte er in Nachahmung des Kolosseums drei verschiedene klassische Ordnungen als Dekorelemente.

In seinem letzten Werk, der Kirche Sant'Andrea in Mantua (beg. 1470), verwendete er einen Monumentalbogen als großartige Fassade, hinter der das Gebäude sichtbar ist.

NAMEN AN DER WAND

Der selbstbewußte Renaissancearchitekt steht in merklichem Kontrast zum anonymen Handwerker der Gotik. **Leon Battista Alberti** wird gerne als erster großer Autodidakt unter den Architekten bezeichnet, ein Dilettant, der sich selten um die Ausführung seiner Bauten kümmerte. **Rustici** war ein Exzentriker, der sich Igel hielt, Quecksilber einfror und dem Okkultismus frönte. Es gab sogar eine 1423 erwähnte Architektin namens **Gaddi**. Wir kennen nicht einmal ihren Vornamen, doch angeblich konnte sie es selbst mit **Filippo Brunelleschi** aufnehmen.

Kuppeln allerorts

Von Roms antikem Pantheon bis zum topaktuellen Millenniumsbau im Londoner Stadtteil Greenwich – Kuppeln waren schon immer etwas Besonderes und sind technisch höchst komplex. Ein ständiges Schalungsgerüst, kegelförmige Holzskelette und Ringketten kamen bei den aufwendigsten Modellen zum Einsatz. Die Außenkuppel, ob fallschirm-, kürbis- oder zwiebelförmig, hat selten dieselbe Gestalt wie die Innenkuppel. Im Raum dazwischen befinden sich häufig die Treppen, die zur ›Laterne‹ emporführen.

Albertis Fassade von Santa Maria Novella in Florenz steht ›für sich‹ vor dem Gebäude.

1452 Leonardo da Vinci, der Renaissancemensch schlechthin, wird geboren.

1453–56 Athen wird geplündert. Die griechischen Gelehrten fliehen nach Italien, verbreiten dort ihr Wissen und tragen so ihren Teil zur Renaissance bei.

1477 Botticelli malt seine ewig junge *La Primavera*, und der Maler Tizian wird geboren.

1500–1530

Vollkommene Harmonie

Bramante und Peruzzi

Harmonie, Schlichtheit und Gelassenheit charakterisieren die Hochrenaissance in Rom. Es gibt wohl kaum einen idealeren Ort für einen auf der Antike basierenden Stil als diese von Antike überquellende Stadt. Zugleich residierte hier ein reicher Papst, der sich der neuen Herausforderungen durch den Protestantismus und Kapitalismus stellen mußte. Prachtvolle Bauprojekte boten die Gelegenheit, deutlich zu machen, wer ›Herr im Hause‹ war.

Bramantes Tempietto im engen Innenhof von San Pietro in Montorio in Rom (1502–10) ist ein kleiner Rundtempel. Der Durchmesser des Innenraums beträgt ganze 4,5 m.

Donato Bramante (1444–1514), der aus ärmlichen Verhältnissen stammte, hatte maßgeblichen Anteil an der innovativen Wiederbelebung des römischen Baustils. Er war laut Palladio »der erste, der gute und schöne Architektur ans Licht brachte«. Sein Tempietto di San Pietro in Montorio gilt als vollkommenes Beispiel der Hochrenaissance und übertrifft noch die schlichte, strenge Ästhetik, die sich an die von Alberti aufgestellten Regeln hält. Der Zentralbau ist von einem klassischen Prinzipien folgenden dorischen Säulenkranz und Gebälk umgeben und wird von einem – eher christlichen – Tambour und einer halbkreisförmigen Kuppel bekrönt. Die Wände sind mit Nischen und Pilastern geschmückt.

Seinen Durchbruch erlebte Bramante mit der Wahl Papst Julius' II., für den er die Peterskirche und den Vatikan neu gestalten sollte. Bramante wählte einen zentralisierten Plan, ein griechisches Kreuz als Symbol der Vollkommenheit, sowie eine Kuppel von der Größe des Pantheon mit vier kleineren Seitenkuppeln – eine symmetrische Masse für die Mitte eines gewaltigen Platzes. Doch 1513 starb Julius, und alle Pläne wurden Makulatur.

Raffael

Als Maler setzte dieser Norditaliener Maßstäbe, die auf Jahre für andere unerreichbar blieben. Seine *Vermählung Mariä* (1504, Mailand, Brera) und die Fresken der Stanzen – die Repräsentationsräume im Vatikan, die er ab 1509 für Papst Julius II. ausmalte – zählen zu seinen besten Werken. Doch die Architektur steckte Raffael im Blut, auch wenn sich nur wenige seiner Bauten erhalten haben. Vermutlich erhielt sein Interesse an der Baukunst zusätzlichen Auftrieb, als er 1515 zum Kommissar für die antiken Monumente ernannt wurde. Doch die Fülle der Aufgaben, die sich Raffael zumutete, war selbst für einen ›uomo universale‹ wie ihn zu viel. Er starb an seinem 37. Geburtstag.

1480–90 Seefahrer wie der Italiener Christoph Columbus erkunden die Welt und entdecken Orte, die vorher kein Europäer kannte.

1537 Andreas Vesalius wird Professor für Anatomie in Padua. Ab jetzt wird seziert.

1543 Tod des Kopernikus und Veröffentlichung seines Werks *De revolutionibus orbium caelestium*.

Zu viele Köche?

Die Liste der Architekten, die am Bau und an der Ausschmückung des Petersdoms und des Vatikans beteiligt waren, liest sich wie ein Who-is-who der Renaissance. Bramante, Michelangelo, Raffael und Bernini sind nur die bekanntesten Namen. Bramantes Plan für St. Peter war für seine Zeit einzigartig: Ein gewaltiger, von symmetrisch angeordneten Seitenkapellen umgebener Zentralraum wird von einer riesigen, auf massiven Bögen ruhenden Vierungskuppel bekrönt. Raffael trat 1514 die Nachfolge Berninis an und veränderte dessen Pläne. Er favorisierte den Bau einer Basilika. Nach Raffaels Tod (1520) übernahm Peruzzi das Kommando, und 1539 wurde Antonio da Sangallo (1484–1546) dessen Nachfolger. Die meisten Änderungen an Bramantes Original wurden später wieder rückgängig gemacht.

Peruzzi

Ganze zwanzig Jahre später sind die klassischen Regeln ›out‹, Dynamik und theatralische Effekte ›in‹. Begründet wird dieser manieristischen Trend von Baldassare Peruzzi (1481–1536). Sein schönstes Werk ist die Villa Farnesina (1508–11) mit einer Loggia auf der Gartenseite. Die Haupträume befinden sich im Erdgeschoß und nicht wie üblich im ersten Stock. Ein weiteres manieristisches Meisterwerk Peruzzis ist der unorthodoxe Palazzo Massimo alle Colonne (1532–36). Das Gebäude ist asymmetrisch und folgt der Straßenführung. Auch die Fassade hat nichts Konventionelles. Im Gegensatz zu der bossierten und mit ionischen Säulen versehenen Basis wirken die oberen Stockwerke glatt und sind kaum mehr plastisch durchgestaltet.

NAMEN AN DER WAND

Es scheint eine Regel zu sein, daß die Namen der bedeutenden Vertreter der Architekturgeschichtsschreibung mit V beginnen. **Vitruv** (geb. um 84 v. Chr.) ist uns bereits begegnet. In **Giorgio Vasaris** (1511–1574) *Lebensgeschichten* spiegelt sich die ganze Vielfalt der Renaissancemenschen, die sich mit Architektur, Mathematik, Malerei, Plastik und den Naturwissenschaften beschäftigten. **Giacomo Barozzi da Vignola** (1507–1573) verfaßte *Regole delle cinque ordine*, ein äußerst populäres ›Do-it-yourself‹-Buch.

Der als Monument päpstlicher Macht errichtete Petersdom (1506–1626) beschäftigte die bedeutendsten Architekten jener Zeit – von Bramante bis Bernini.

1475 In Brügge druckt William Caxton (um 1419–1491) das erste Buch in englischer Sprache: *Recuyell of the Historyes of Troye.*

1450–1667 Neubau des Petersdoms in Rom. Aufgrund der Vielzahl der beteiligten Architekten ist das Endergebnis eine Kombination aus Renaissance, Manierismus und Barock.

1495 Von Neapel aus verbreitet sich die Syphilis; französische Matrosen werden dafür verantwortlich gemacht.

1530–1570

Michelangelo

Meister aller Klassen

Michelangelo (1475–1564) – ein ungeheuer inspirierter und einfallsreicher Dichter, Maler, Bildhauer und überdies ein großartiger Architekt – war ein Gegner der Regeln des Vitruv, die Bramante mit solcher Strenge und Gewissenhaftigkeit befolgt hatte. Michelangelo opferte die Harmonie und Ruhe, die das Geheimnis des Stils der antiken Zivilisationen waren, zugunsten neuer Kompositionsregeln: Spannung, Dramatik, ein Angriff auf alle Sinne, nicht bloß das Auge.

Phänomenal

Das Phänomen Michelangelo Buonarroti läßt sich nur schwer in Worte fassen. Doch der eitle, ungeheuer fleißige Maler, der vor allem aber für seine Skulpturen und die Ausschmückung der Sixtinischen Kapelle bekannt ist, war zugleich ein genialer Architekt, der sich nicl um Albertis Regeln kümmerte. Michelangelo revolutionierte das Wesen des Raume in der Architektur und demonstrierte seine Ideen lieber an Modellen statt auf dem Papier. Aber auch dies Nebenprodukte seiner mannigfaltigen Kreativität geraten leicht in Vergessenheit, da alle von ihm entworfenen Bauten zum Zeitpunkt seines Todes unvollendet waren und erst später mehr schlecht a recht von anderen fertiggestellt wurden.

Trotz seiner gewaltigen architektonischen Leistungen wird Michelangelos Name in erster Linie mit den Deckenfresken in der Sixtinischen Kapelle im Vatikan (1508–12) verbunden.

Die Familienkapelle der Medici in der Sakristei von San Lorenzo in Florenz (1521) ist das früheste Beispiel für die revolutionären Entwürfe Michelangelos. Sowohl die Grundanordnung als auch die Verwendung von grauem Stein und weißem Gips fanden sich schon in der Alten Sakristei, doch die Zusammenstellung figürlicher und dekorativer Elemente ist höchst ungewöhnlich: Gewaltige Gesimse über den Türen wirken, als könnten sie schwere Ädikulen kaum tragen; die Figuren befinden sich fast vier Meter über dem Boden und lenken das Auge in die Höhe, und die Säulen befinden sich nicht mehr unter dem Gebälk. Die Wand ist keine schlichte

um 1550 Blütezeit der Renaissance. In dieser Periode entwickeln die Italiener eine Leidenschaft für das Billardspiel.

1561 Fertigstellung der von Iwan dem Schrecklichen zur Erinnerung an seine Siege errichteten Basiliuskathedrale (1530–84).

1564 William Shakespeare, Christopher Marlowe und Galilei weden geboren; die Römisch-Katholische Kirche veröffentlicht den Index verbotener Bücher.

Oberfläche mit Dekorelementen mehr, sondern wird selbst Skulptur.

In Rom

1534 erhielt Michelangelo seinen ersten Auftrag in Rom – die Neugestaltung des Kapitols. Der Entwurf weist dieselben ungewöhnlichen Effekte auf, die schon seine Werke in Florenz charakterisierten. Der Platz besitzt eine ovale Grundform – hier wird erstmals das Oval verwendet –, und die Fassaden schwingen nach außen und verzerren so die Perspektive. Im Gegensatz zu der strengen Blickführung der Frührenaissance soll der Betrachter den Raum aus verschiedenen Blickwinkeln erleben. Die Fassaden folgen der Kolossalordnung, wobei die Säulen das Bodenniveau ignorieren und so ein einheitliches Bild gewährleisten – ein typisches Kennzeichen manieristischer Architektur.

Brunelleschis Kapelle mit der Familiengruft der Medici, Michelangelos frühester architektonischer Arbeit.

NAMEN AN DER WAND

Giulio Romano (1492/99–1546) vertrat einen als expressionistisch bezeichneten manieristischen Ansatz, mit dem er den Betrachter aktiv am sinnlichen Erlebnis des Gebäudes teilhaben lassen wollte. Sein Palazzo del Tè in Mantua (1525–35) ist ein eingeschossiger Bau mit einem Hof und einer revolutionären Fassade: Venezianerfenster auf einer ebenen Oberfläche auf der einen Seite kontrastieren mit Bossenwerk auf der anderen. Dabei verwendete Romano die toskanische Ordnung. Erotische Fresken schmücken das Innere des Bauwerks.

Als er 1546 den Auftrag erhielt, den Petersdom fertigzustellen, nahm Michelangelo die Ideen Bramantes wieder auf und machte spätere Hinzufügungen rückgängig. Viele seiner Absichten wurden durch das Hauptschiff und die Fassade verunklart, die Carlo Maderno (1556–1629) entwarf und die 1626 fertiggestellt wurden.

Biblioteca Laurenziana

Im Kloster San Lorenzo in Florenz befindet sich der berühmte Vorraum der Biblioteca Laurenziana von Michelangelo (beg. 1524), ein großer, quadratischer Saal mit kaskadenartiger Treppe. Man sieht sich mit einer Reihe höchst eigentümlicher Züge konfrontiert: Konsolen, die nichts tragen, Ädikulen mit Pilastern, die sich zur Basis hin verjüngen, und paarweise Säulen in Wandaussparungen statt Statuen in Nischen. Das Kuriose und Unerwartete fesselt uns. Es gibt keine figurativen Plastiken, sondern die Architektur selbst wird zu einer nicht-figurativen, abstrakten Skulptur.

1531 Ein ›Großer Komet‹ versetzt die Menschen (mit Ausnahme der Astrologen) in Angst und Schrecken.

um 1550–72 Aus dem Benediktinerkloster in Tivoli wird die prächtige Villa d'Este mit Kaskaden, Wasserspielen und Grotten in einer phantastischen Parkanlage.

1566–78 Vignola vollendet die Villa Lante in Bagnaia (bei Viterbo). Eine der Raffinessen des Gartens sind die wassergekühlten Eßtische.

1510–1590

Manierismus

Vignola

In die Fußstapfen eines Michelangelo treten zu müssen, war sicherlich keine leichte Aufgabe, doch Giacomo Barozzi da Vignola (1507–1573) bewies, daß er dieser Herausforderung gewachsen war. Er wurde Michelangelos Nachfolger als Architekt des Petersdoms und damit als führender Architekt Roms. Bevor er dorthin übersiedelte, hatte er in Bologna Malerei und Architektur studiert. Seine zahlreichen Kirchen und prachtvollen Villen waren äußerst einflußreich.

Wasser

Charakteristischerweise waren es die Römer, die Mittel und Wege ersannen, um Wasser über weite Strecken unwegsamen Geländes zu transportieren. Ihre Aquädukte sind gewaltige künstliche Kanäle auf häufig mehrgeschossigen Bogenbrücken aus Hau- oder Backstein. Besonders beeindruckende Beispiele sind der Aquädukt Pont du Gard (1. Jh. v. Chr.) bei Nîmes in Frankreich und ein Aquädukt aus dem 2. Jh. n. Chr. in Segovia, Spanien, das noch heute in Betrieb ist. Doch auch später wurden noch solche Wasserwege gebaut. Während der Ära der großen Kanäle im 18. Jh. konstruierten englische Ingenieure Aquädukte für den Transport von Lastkähnen.

Die 1550–55 für Papst Julius III. erbaute Villa Giulia ist eine eindrucksvolle Komposition und stellt in konzeptioneller Hinsicht einen großen Fortschritt dar. Während Michelangelo Wände gestaltete, gestaltete Vignola Raumkörper. Bei ihm löst sich die Grenze zwischen der Wand als Innenraum und der Wand als Außenraum zunehmend auf. Unmittelbar hinter der relativ kargen, rechteckig-symmetrischen Fassade der Villa öffnet sich ein halbkreisförmiger Hof. Der Blick wird auf beiden Seiten von einer halbdurchsichtigen

Die Villa Giulia, Rom, mit massivem Rustikaportal. Große Gewölbesteine überkragen das Portal.

1577 Das Ende der Pest in Venedig wird mit dem Bau der Kirche Il Redentore durch Palladio gefeiert.

1573 Geburt des englischen Architekten Inigo Jones und des italienischen Malers Caravaggio.

1590–1600 In London floriert das Theater mit Stücken von Shakespeare, Jonson und Marlowe.

Il Gesù in Rom von Vignola mit der von Giacomo della Porta entworfenen Fassade.

Loggia umrahmt, die den Hof zweiteilt. Verborgene Stufen führen in das darunterliegende Nymphäum. Die unerwartete formale Anordnung – das Nebeneinander gerader und gekrümmter Wände, das plötzliche Sichtbarwerden verborgener Orte – ist Teil des beunruhigenden Effekts der Raumfolge.

Die Loggia im Hof der Villa Giulia bietet Schutz vor der römischen Sonne.

Vignolas für die Jesuiten errichtete Kirche Il Gesù (beg. 1568), deren Grundstruktur häufig kopiert wurde, symbolisiert das Wiedererstarken des Katholizismus. Es handelt sich um die Kombination eines Renaissanceplans – eines Zentralbaus mit Vierungskuppel – und eines lateinischen Kreuzes mit erweitertem Hauptschiff. Statt von Seitenschiffen ist das Langhaus von Kapellen flankiert. Die Fassade ist von basilikaler Form mit Schmuckvoluten, die an Albertis Santa Maria Novella in Florenz erinnern.

Giorgio Vasari (1511–1574), Maler und Verehrer Michelangelos, arbeitete mit Vignola und Ammanati an der Villa Giulia zusammen. Seine Uffizien (1560–80) basieren auf Michelangelos von Buontalenti fertiggestellter Biblioteca Laurenziana.

NAMEN AN DER WAND

Giacomo della Porta (1533–1602), vor allem bekannt für seine großartige Villa Aldobrandini in Frascati (1598–1603), war der Nachfolger Vignolas als Architekt von Il Gesù und gestaltete die Fassade (1571–84). Zugleich folgte er Michelangelo als Architekt von St. Peter (1573–74) und vollendete die Kuppel (1588–90) und die Gartenfassaden. Sein Nachfolger **Carlo Maderno** (1556–1629) mußte ab 1603 das nun obligatorisch gewordene Langhaus und eine neue Fassade entwerfen. Andere bedeutende Bauten von ihm sind Santa Susanna und San Andrea della Valle in Rom.

1508 Michelangelo beginnt sein opus magnum: die Ausmalung der Decke der Sixtinischen Kapelle.

1511 Der Text von Vitruvs Augustus gewidmetem Traktat *De architectura*, das 1414 wieder aufgetaucht ist, wird publiziert und später in mehrere Sprachen übersetzt.

1518 ›Cigaritos‹, kleine Zigarren aus den Neuen Welt, werden von spanischen Händlern nach Europa importiert.

1540–1580

Palladio

Die italienische Hochrenaissance

Da Andrea Palladio (1508–1580) der einzige Architekt ist, nach dem eine eigene Stilrichtung benannt wurde – der Palladianismus –, verwundert es nicht, daß er zu den bekanntesten Architekten überhaupt gehört. Sein Werk steht für einen logischen Ansatz und verströmt Ruhe, Reinheit und praktische Funktionalität. ›Nützlichkeit‹, ›Dauerhaftigkeit‹ und ›Schönheit‹ sind die drei herausragenden Merkmale, die Palladio propagierte und die er durch eine sorgfältige Anwendung der von der Zivilisation der Antike abgeleiteten und auf den Naturgesetzen beruhenden Kompositionsregeln zu erreichen versuchte: Symmetrie und Harmonie.

Palladio ist der Schöpfer einer Vielzahl von Gebäuden unterschiedlichster Art und Verfasser zahlreicher Schriften, darunter *Quattro libri dell' architettura* (1570), für Jahrhunderte *das* klassizistische Nachschlagewerk. Sein erstes Projekt (beg. 1549) war die Umgestaltung der sog. Basilica von Vicenza. Er umgab den vorhandenen Bau auf beiden Geschossen mit Arkadenreihen und verwendete dabei, offenbar angeregt von den Thermen des Diocletian in Rom, das später nach ihm benannte Palladiomotiv. Der Palazzo Thiene (beg. um 1550) ist durch korinthische Pilaster und massive Rustika gekennzeichnet. Der Palazzo Chiericati (beg. 1550) mit seinem zweistöckigen Portikus und der Palazzo Valmarana (beg. 1565) mit seinen mehrschichtigen Pilastern weisen diverse Stuckornamente auf.

Andrea Palladio

Palladio war der erste Berufsarchitekt. Er lernte von Michelangelo, Raffael, Bernini und anderen und profitierte bei seinen Entwürfen von seinem intensiven Interesse an der Archäologie. Aber auch wenn seine Bauten in Italien legendär sind, war sein Einfluß andernorts, insbesondere in Großbritannien, nachgerade revolutionär und veränderte buchstäblich die Landschaft. Wäre Inigo Jones (1573–1652) nicht solch ein sklavischer Bewunderer Palladios gewesen und wäre ihm der berühmte Kunstexperte Lord Burlington (1694–1753) darin nicht gefolgt, hätte es die Tradition des britischen Landhauses womöglich nie gegeben.

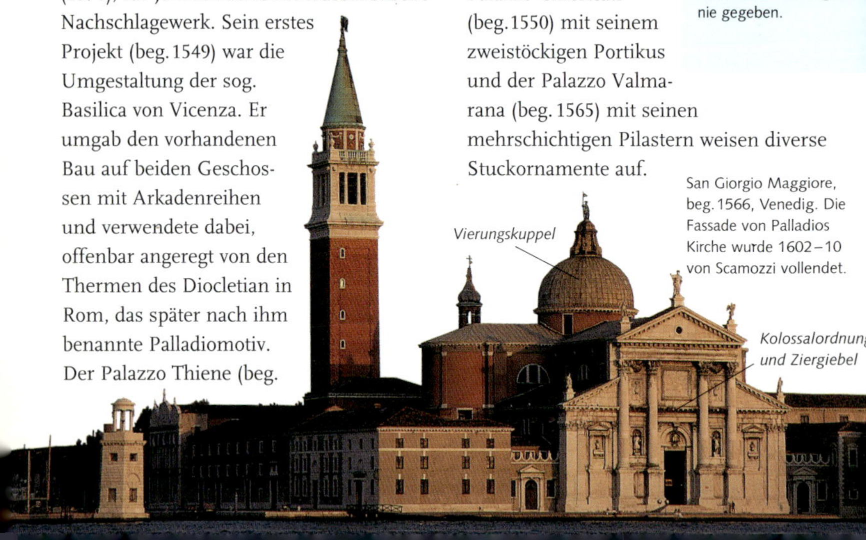

San Giorgio Maggiore, beg. 1566, Venedig. Die Fassade von Palladios Kirche wurde 1602–10 von Scamozzi vollendet.

1530 Der Venezianer Giovanni Spinetti erfindet das Spinett, das in den eleganten italienischen Villen erklingt.

um 1550 Gabriele Fallopio von der Universität Padua, der Entdecker der Eileiter, erfindet das Kondom zum Schutz vor Infektionen.

1565 Erste Beschreibung des Bleistifts durch den Schweizer Conrad Gesner. Bleistiftzeichnungen werden äußerst beliebt.

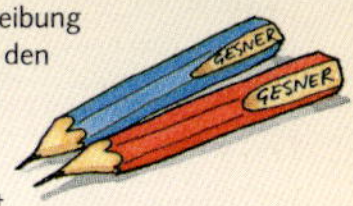

Villen und Kirchen

Während in den Palazzi ein Hang zum Manierismus und große gestalterische Vielfalt sichtbar werden, folgen die zahlreichen von Palladio entworfenen Villen einem festen Muster, das ebenso funktional wie flexibel ist. Die meisten, wie etwa die Villa Poiana, Poiana Maggiore (1549), Villa Pisani, Bagnolo (1544), und Saraceno, Firale di Agugliaro (1545), basieren auf einem quadratischen Zentralplan, haben einen rechteckigen ›salone‹ und tempelartige Portiken. Andere Räume wie Stallungen, Getreidespeicher und Scheunen sind symmetrisch als Variationen des Grundthemas angeordnet.

Venedig handelt es sich um eine Benediktinerkirche auf dem Grundriß eines lateinischen Kreuzes, Seitenschiffen und einem Retrochor. Die schlichten Oberflächen des Inneren werden durch weit oben im Hauptschiff befindliche Venezianerfenster erhellt. Der spätere Bau Il Redentore (beg. 1576) in Venedig hat lediglich ein Schiff, Seitenkapellen sowie einen Chor hinter dem Lettner. Die von kolossalen und kleinen Ordnungen geprägte Fassade betont das komplexe Zusammenspiel von Kuppel, Türmchen und Strebepfeilern.

NAMEN AN DER WAND

Leser, die eine Eselsbrücke benötigen, interessiert womöglich, daß **Palladio** eigentlich **della Gondola** hieß. Obwohl er in seinen Büchern seine detaillierte Kenntnis der römischen Altertümer unter Beweis stellt, erlaubte er sich in seinem eigenen Werk manche manieristische Freiheit, etwa indem er Portici an der ›falschen‹ Stelle plazierte. Unabhängig davon dürften Vasaris *Lebensgeschichten der hervorragendsten italienischen Architekten, Maler und Bildhauer* eine inspirierendere Lektüre sein als Palladios *Ordnungen*.

Ausbildung

Die Akademie als Ausbildungsstätte setzte sich erst langsam durch, und Architekten mußten lange Zeit dieselben Klassen besuchen wie Maler und Bildhauer. Erst 1671 wurde in Frankreich eine Akademie speziell für Architekten gegründet. Dies war aber nur ein Tropfen auf den heißen Stein. Die Ausbildung blieb ziemlich willkürlich, nicht zuletzt deswegen, weil es kaum gedrucktes Unterrichtsmaterial gab. Erst im 18. Jh. verbesserte sich die Situation infolge der Aufklärung, und die Akademien entwickelten eine eigenständige Berufsausbildung für Architekten.

La Rotonda in Vicenza (beg. um 1550) hat an jeder ihrer vier Fassaden einen Portikus.

1517 Ein Porträt Leos X. von Raffael zeigt den Papst mit einer Brille. Die Glasherstellung in Nürnberg und Venedig führt dazu, daß immer mehr Leser sich Augengläser besorgen.

1528 Trotz Renaissance-Einflüssen ist die Gotik in Deutschland weiterhin sehr beliebt. Grünewald vollendet in Colmar den *Isenheimer Altar*.

1550 Violen, Blockflöten und Lauten sind am Hof und bei der Aristokratie die meistgespielten Musikinstrumente.

1500–1600

Châteaus und Palais

Französische Renaissance

Das im Auftrag Franz' I. errichtete Palais de Fontainebleau (1528–40), Seine-et-Marne.

Mit dem Bau von Schlössern, vor allem im Tal der Loire, das ursprünglich als Wohnsitz Franz´ I. und seines Hofstaats vorgesehen war, setzte sich im 16. Jh. eine eigenständige französische Version der italienischen Renaissancearchitektur durch. Als Modell diente das Château du Bury (1511–24, zerstört). Die Schlösser haben in der Regel einen quadratischen Grundriß und eine geringe Raumtiefe. Die Rundtürme an den Ecken weisen kegelförmige Dächer auf. Die Haupträume liegen zwischen Hof und Garten, und die Wirtschaftsräume grenzen an die Stallungen oder Nebenhöfe. Statt monumental zu wirken, sind die Fassaden häufig reich ornamentiert und von unzähligen Plastiken und Schnitzereien überzogen.

Das Château de Chambord (1519–47) erinnert an ein Märchenschloß. Der quadratische Bau mit vier Rundpavillons ist von einer rechteckigen Mauer mit vier Ecktürmen und einem Wassergraben umgeben – ein schlichtes mittelalterliches Modell. Das Innere ist vollständig symmetrisch. Es hat zwei axiale, rechteckige Tonnengewölbe, die einen kreuzförmigen Grundriß bilden, sowie eine phantastische, genau auf dem Schnittpunkt plazierte Wendeltreppe mit Doppelspirale und durchbrochenem Geländer. In den Ecken der einzelnen Stockwerke befinden sich identische Unterkünfte mit einem Salon,

NAMEN AN DER WAND

Die Franzosen wurden durch ihre Invasion Italiens im Jahr 1494 auf die Renaissance-Architektur aufmerksam. Heerscharen italienischer Künstler arbeiteten in Amboise, Tours und Blois. Unterdessen perfektionierten Steinmetz-Meister vom Schlage eines **Gilles Le Breton** ihre seit dem Mittelalter gepflegte Kunst und begründeten damit ganze Handwerkerdynastien. Die Urheberschaft an Meisterwerken wie den Schlössern der Loire ist heftig umstritten. Eine Theorie besagt, **Franz I.** selbst habe sie errichtet.

1550 Kohle löst Holz als wichtigste industrielle Energiequelle ab. In Liège und Newcastle werden Minen eröffnet.

1600 Shakespeare hat bereits zwanzig Stücke geschrieben, darunter *Wie es euch gefällt* und *Ein Sommernachtstraum*.

um 1610 ›Erfindung‹ der Violine. Ludwig XIII. von Frankreich unterhält ein eigenes Barockensemble – *Les vingt-quatre violins du roi*.

Schachzüge

Die Stadtplanung begann bereits in der Antike mit schachbrettartig angelegten Städten. In Frankreich führte Heinrich IV. (1553–1610), inspiriert von den Plänen Sixtus' V. für Rom, die Radialordnung ein: Öffentliche Plätze und wichtige Gebäude sollen an Straßenkreuzungen liegen. Die Place des Vosges (ursprünglich Place Royale) mit Kolonnaden auf Straßenniveau war der erste von Häusern umgebene öffentliche Platz dieser Art. Viele Jahrhunderte später ordnete Baron Georges Eugène Haussmann (1809–1891) Paris auf der Basis dieser Pläne neu. Kreisförmige Boulevards und davon sternförmig abstrahlende Avenuen sollten sowohl Repräsentationszwecke erfüllen wie der Kontrolle der Bevölkerung dienen.

Schlafzimmer und ›cabinet‹. Aufwendige Laternen illuminieren die Treppen; zahllose Gauben und Schornsteine überziehen das Dach, das sich von einer mit einer Balustrade versehenen Terrasse unter der Regentraufe erkunden läßt.

Blois und Chenonceau

Bei dem älteren Château de Blois (1515–24) fügte Franz I. dem bereits existierenden mittelalterlichen Schloß einen ›italienischeren‹ Flügel mit ›loggias‹ hinzu.

Das Château de Chenonceau (1515–23) besteht aus einem quadratischen Block, vier Pavillons und steilen Dächern. Die romantische Brücke über die Cher (1556–59) ist eine spätere Hinzufügung von Philibert de L'Orme (1510–70) für Diane de Poitiers, die Mätresse Heinrichs II.

Der Louvre und Fontainebleau

Franz I. ließ auch die Arbeiten am Louvre wieder aufnehmen, die dann mehrere Jahrhunderte in Anspruch nehmen sollten. Pierre Lescot (1500–1578) lieferte mit seinem Entwurf für den Cour Carré (1546–51) einen wichtigen Beitrag zum französischen Klassizismus, und Philibert de l'Orme entwarf eine Verbindung zwischen Louvre und Tuilerienpalast. Jean Du Cerceau (um 1590–nach 1649) ist der erste bedeutende Architekt, bekannt vor allem für sein prachtvolles hufeisenförmiges Treppenhaus im Palais de Fontainebleau.

Philibert de l'Orme hatte mit seinen Büchern *Nouvelles Inventions* (1561) und *Architecture* (1567), einer praktischen Anleitung zum Häuserbau, großen Erfolg. Ähnlich einflußreich war Du Cerceaus *Les plus excellents bâtiments de France* (1576–79).

Das Schloß bei Azay-le-Rideau (1519–27), Indre-et-Loire, wurde für eine wohlhabende bürgerliche Familie erbaut.

1529 Kardinal Wolsey fällt bei Heinrich VIII. in Ungnade. Dieser übernimmt Wolseys prächtige Residenz Hampton Court.

1530 England sagt sich von Rom los. Aufgrund der Auflösung der Klöster kümmert sich niemand mehr um die Armen; die Reichen haben reichlich Baumaterial.

1530 Die Kartoffel wird aus Südamerika eingeführt.

1520–1630

Typisch britisch!

Tudor- und Elizabethanisches England

Im Vergleich zu der Pracht und Strenge der italienischen und französischen Renaissancearchitektur wirkten die Gebäude im England der Tudorzeit noch mittelalterlich, wurden nur locker geplant und mit gotischer Handwerkskunst realisiert. Doch als der wohlhabende Adel und die reiche bürgerliche Kaufmannsklasse nach Landsitzen verlangten, reagierten die Architekten rasch. So entstand das von der Renaissance beeinflußte Elizabethanische Wohnhaus.

Kleine Stilkunde

- Beschlagwerk: Ineinander verwobene Flechtmuster wie bei Leder oder Metall
- Grundrisse und Fassaden sind symmetrisch wie bei den Renaissancebauten auf dem Kontinent
- Holländisches Dekor mit Giebeln und Beschlagwerk
- Hohe Fenster mit Setzholz (Mittelpfosten) und Kämpfer (Querteilung)

Holzmangel

Stadthäuser bestanden im allgemeinen noch aus Fachwerk, und ihr erstes Stockwerk ragte über das Erdgeschoß hinaus. Little Moreton Hall, Cheshire (1550–59), und Pitchford, Shropshire (1560), sind die besterhaltenen Beispiele für diese ›schwarzweißen‹ Elizabethanischen Häuser. Ende des 16. Jh. führten Holzmangel und die daraus resultierenden Preissteigerungen zur Suche nach Alternativen. Man verwendete von nun an den wirtschaftlicheren Kastenrahmen mit weniger oder unförmigen Balken, die mit Gips verschalt wurden, um die Qualitätsmängel zu verbergen.

Das bedeutendste Tudorhaus ist der Hampton Court Palace (um 1520), der von Kardinal Wolsey begonnen und dann von Heinrich VIII. beansprucht wurde, weil er größer und schöner war als dessen Fachwerkpalast in Surrey. Mit seinen aufwendigen Schornsteinen, Stabwerkfenstern, Zinnen und achteckigen Türmen war dieser Backsteinbau entschieden britisch. Alle diese Elemente finden sich während des gesamten 16. Jh. Die Haupthalle besitzt ein schönes Polygonaldach sowie Erkerfenster.

Das Elizabethanische Zeitalter

Während der Regierungszeit Elizabeths I. wurden die Grundrisse ebenso wie die Fassaden symmetrischer, unterschieden sich jedoch grundsätzlich vom italienischen und französischen Stil durch ihre niederländischen Giebel, das Bandwerk und das Festhalten an den hohen Fenstern des ›Perpendicular Style‹ mit seinem Stabwerk. Der Kernraum war die zweigeschossige große Halle, meist mit Haupttreppe.

1550–87 In Cambridgeshire wird Burghley House für William Cecil, Elizabeths I. Chefberater, errichtet. Elizabeth selbst wohnt lieber in den Palästen anderer Leute.

1560er England wird von einem Bauboom ergriffen. E-förmige Häuser sind besonders populär.

um 1584–89 Sir Walter Raleigh versucht Teile von Nordamerika zu kolonisieren.

Der die Räume miteinander verbindenc Korridor im ersten Stock ging, sich allmählich verbreiternd, in die lange Galerie für die Präsentation von Gemälden über.

Longleat in Wiltshire (1566–80), von Robert Smythson (um 1536–1614) entworfen, ist das früheste Beispiel für diesen Stil. Der um zwei Innenhöfe angelegte Bau ist durch streng geometrische Fassaden, fortlaufendes Gesims und mit Pilastern versehene, vorkragende Wandfelder geprägt. Wollaton Hall in Nottingham (um 1580–88), ebenfalls von Smythson, ähnelt mit seiner symmetrischen Mittelhalle und viereckigen Türmen einer Burg. Das Äußere ist durch eigenartige Ornamente, niederländische Giebel und paarweise angeordnete, vorgeblendete flache Pilaster gekennzeichnet.

Little Moreton Hall, Cheshire (1550–59), ein typisches Tudor-Kavaliershaus mit einer langen Galerie. Fachwerk wird ornamental eingesetzt (manche Leute nennen das Frührenaissance...).

Burghley House, Cambridgeshire (1552–87), repräsentiert den typischen ›Tudor-Look‹ mit Ecktürmen, während Hardwick Hall, Derbyshire (1590), die Fassade mit den meisten Fenstern zu bieten hat: »Hardwick Hall, more glass than wall.«

Der Stil bleibt bis zur Regierungszeit Jakobs I. (1603–25) die Norm. Bemerkenswert sind Audley End, Essex (1603), mit seinen malerischen Türmchen über einer ansonsten schlichten Fassade sowie Hatfield House, Hertfordshire (1607), mit einer Arkade an der Südfassade im Erdgeschoß unter der langen Galerie.

Das Gesims verbindet die akzentuierten Fassadenfelder

Longleat, Wiltshire, mit obligatorischer langer Galerie, Prunktreppe und terrassenartigem Eingang.

Die Auflösung der Klöster

Das lockere Liebesleben Heinrichs VIII. hatte zumindest ein greifbares Resultat, da der Papst sich weigerte, in die Scheidung von Katharina von Aragon einzuwilligen: Der König stellte sich auf die Seite der Lutheraner und der Reformation. Damit waren die Verbindungen zu Rom gekappt, und die Klöster in Großbritannien mußten geschlossen werden. In architektonischer Hinsicht war diese als ›Auflösung der Klöster‹ bekannte Periode ein Akt ungezügelten Vandalismus´ seitens eines Königs, der sich gerne seines Intellekts und seiner Bildung rühmte. Auch wenn der Korruptionsvorwurf gegen die Klöster berechtigt gewesen sein mag – der architektonische Schaden war immens.

1601 Inigo Jones reist erstmals nach Italien und kehrt mit zahlreichen neuen Ideen zurück.

1605 Jones entwirft seine erste Maske und führt mit der Proszeniumsbühne und beweglichen Kulissen den Barock auf der englischen Bühne ein.

1620 Die Londoner Virginia Company finanziert die erste Reise der Pilgrim Fathers nach Massachusetts. Ab sofort gibt es Truthahn zum Erntedankfest.

1573–1652

Der walisische Feuerkopf

Inigo Jones

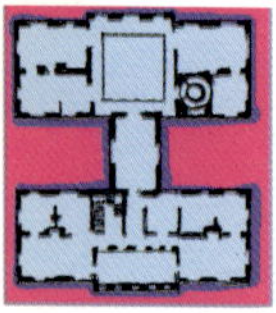

Grundriß des Queen's House.

Der strenge Klassizismus der italienischen Renaissance wurde im frühen 17. Jh. von Inigo Jones (1573–1652) nach England importiert. Seine Gebäude standen in einem deutlichen Kontrast zu dem malerischen Tudorstil, der damals Mode war. Jones hatte Italien bereist und in Venedig Scamozzi kennengelernt, der viele Werke Palladios vollendet hatte. Jones wurde zu einem glühenden Verehrer Palladios. Als Inspektor der königlichen Bauten hatte er zwischen 1615 und 1642 an mehreren bedeutenden Gebäuden mitgewirkt. Seine Werke erwiesen sich als äußerst einflußreich und bildeten die Grundlage für eine Palladio-›Renaissance‹ zu Beginn des 18. Jh.

Kleine Stilkunde

Die Wiederbelebung des Palladiostils basiert auf den Symmetrie- und Harmonieregeln des Meisters. Hierzu zählen regelmäßige, häufig auf einem Quadrat beruhende Grundrisse, Tempelportici an einander gegenüberliegenden Fassaden, dreiteilige Aufrisse und das dreiteilige Serlio- (bzw. Palladio-) Motiv, also Gleichmaß, Schlichtheit und Solidität.

Jones' Meisterwerk, das Banqueting House, Whitehall, (1619–22), ist deutlich von Palladio inspiriert. Über einem rechteckigen Plan erhebt sich ein Doppelwürfel mit einer Galerie. Die Mitte der dreiteiligen Fassade beherrschen Halbsäulen und Balkone, die Seiten flachere Pilaster und Paneele. Der Gebäudesockel wird von der Rustika geprägt, die Fenster im ersten Stock weisen alternierend Segment- und Dreiecksgiebel, die im obersten Stockwerk gerade Simse auf. Der Bau ist Jones zufolge »körperhaft, proportional, den Regeln entsprechend, männlich und ungekünstelt«.

Banqueting House, Whitehall, der einzige fertiggestellte der von Jones für den neuen Palast geplanten Bauten.

Würfel und Quadrate

Queen's House in Greenwich (1616/32–35) mit einer Loggia im ersten Stock und einer zweiläufigen geschwungenen Treppe zu einer Terrasse ist die Neuinterpretation einer Palladiovilla. Wiederum stehen Symmetrie und Proportion im Vordergrund; das Innere ist ein perfekter Würfel.

1632 Anthonis van Dyck arbeitet in England am Hof Karls I.; schon bald folgt ihm sein Schüler Peter Lely nach.

1649 Karl I. von England wird hingerichtet, England wird unter der Regierung Oliver Cromwells zum Commonwealth.

1652 In England wird die Gesellschaft der Freunde (Quäker) gegründet.

Von Jones stammt auch der Originalentwurf (um 1630) für Londons ersten ›square‹, den Covent Garden, mit Arkaden im Erdgeschoß und kolossalen Pilastern im ersten Stock. Erhalten ist die mittelalterliche Old St. Paul's mit einem massiven korinthischen Portikus von Jones und einem einfachen rechteckigen Grundriß. Jones selbst bezeichnete das schlichte protestantische Gotteshaus als »schönste Scheune Englands«.

Jones' Schüler

Roger Pratt (1620–1685), ein talentierter Gefolgsmann von Inigo Jones, leitete den Trend zu schlichten klassischen Häusern ein. Coleshill House, Berkshire (um 1650, 1952 zerstört), mit dem Grundriß eines doppelten Quadrates und auf Palladio basierenden dreiteiligen Aufrissen war das schönste dieser Gebäude.

NAMEN AN DER WAND

Inigo Jones Senior war ein Tuchmacher aus Smithfield, der 1589 bankrott ging. **Jones Junior** wurde zunächst wegen seiner Maskenentwürfe für das Königshaus berühmt. Noch bei seinem zweiten Italienbesuch im Alter von 40 Jahren skizzierte er mehr figurative Motive als architektonische Details. Es ist daher unwahrscheinlich, daß alle ihm zugeschriebenen Gebäude wirklich von ihm selbst stammen. Wahrscheinlich haben seine Assistenten **John Webb** und **Nicholas Stone** größeren Anteil daran, als bisher angenommen.

Queen's House, Greenwich, ist schlicht und wohlproportioniert. ›Queen‹ war eigentlich Anne, aber fertiggestellt wurde das Haus für Henrietta Maria, die Frau Karls I.

1595 Die Carracci gründen eine Malschule und inspirieren Generationen von Künstlern, im Barockstil zu arbeiten.

1637 Der Philosoph René Descartes (1596–1650) veröffentlicht seinen *Discourse de la méthode*.

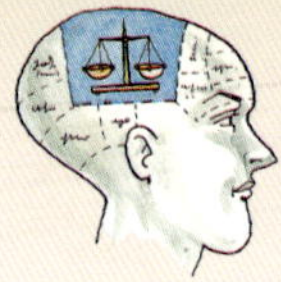

1646 Der englische Bürgerkrieg endet mit dem Sieg des Parlaments und der Puritaner.

1620–1830

Meister des Barock

Barock in Italien

›Unregelmäßige Formen und extravagante Ornamente‹ ist eine beliebte, aber völlig unzureichende, da allein auf visuellen Kriterien beruhende Charakterisierung für diese Form von Architektur, die man gesehen haben muß, um sie für möglich zu halten. Die Barockkirchen Roms, die von Päpsten errichtet wurden, denen es darum ging, daß man möglichst viele Gotteshäuser mit ihrem eigenen Namen assoziierte, sind all das, was die strengen, nüchternen Kirchen der Reformation nicht sind: üppig, reich, dramatisch und aufregend.

Die ovale Kuppel von Borrominis San Carlo alle quattro fontane, Rom.

Barockkirchen vermitteln ein Gefühl der Bewegung, sind von sinnlichen Formen und krummlinigen, geschwungenen, gewundenen Räumen erfüllt. An die Stelle der klaren statischen Form des perfekten Kreises und des Prozessionsraums des rechteckigen Mittelschiffs treten ein ovaler Plan und Wände, die mit Nischen und Alkoven aller Art durchsetzt sind. Fassaden schwingen konvex-konkav-konvex, und ihre dichtgedrängten Pilaster verleihen der ondulierenden Oberfläche Schatten und Tiefe. Die Säulen sind gewunden, die bekannten Ordnungen verzerrt, die Giebel gesprengt und geschweift. Die Räume erwecken den Eindruck, man habe sie aus einer massiven Form herausgeschnitten.

Die Rivalen

Zwei Architekten bestimmen die Szene. Der eine, Francesco Borromini (1599–1677), ist eine sensible Natur – ein Arbeiter und exzellenter Handwerker. Der andere, Gianlorenzo Bernini (1598–1680) aus wohlhabender Familie, ist selbstbewußt, talentiert und wird von reichen Gönnern unterstützt. Verständlicherweise haben die beiden wenig füreinander übrig.

Borromini begann seine Karriere als Steinschneider in St. Peter, wo er Berninis Assistent wurde. Zu seinen besten Werken zählen zwei kleine Kirchen. Die Kapelle San Carlo alle quattro fontane (1638–41) basiert auf ineinander verschränkten Dreiecken und hat mehrere ovale

1648 In Frankreich kommt es zu den ersten als ›Frondes‹ bezeichneten politischen Aufständen.

1660 Die englische Monarchie wird wiederhergestellt; unter der Regierung Karls II. erblüht das Theater neu.

1683 Der Holländer Anton van Leeuwenhoek entdeckt mit seinem Mikroskop winzige Lebewesen – die Bakterien.

Seitenkapellen, die auf magische Weise zu einer ovalen Kuppel zu verschmelzen scheinen. In Sant'Ivo della Sapienza (1642–60), wo man die Kapelle zunächst von einem Hof aus wahrnimmt, verwandelt sich die Kuppel auf der Außenseite in einen spiralförmigen Zikkurat.

Einer der ersten Aufträge Berninis war der Baldachin (1624–33) über dem Altar von St. Peter. Mit seinen riesigen Säulen, dem reichen Dekor und den teuren Materialien wirkt er ein wenig protzig. Berninis eindrucksvollstes Werk ist die Cornarokapelle in Santa Maria della Vittoria, wo er mit Licht und ›falscher‹ Perspektive, mehrfarbigem Marmor und viel Theatralik die Ekstase der heiligen Theresa auf äußerst sinnliche Weise in Szene setzte.

Eine der Figuren seines Vierströmebrunnens (1648) auf der Piazza Navona verhüllt ihr Gesicht – angeblich um die Kirche gegenüber nicht sehen zu müssen, da diese von Borromini entworfen wurde.

Kleine Stilkunde

- Komplexe Geometrien mit Ovalen, häufig im Grundriß
- Wellenförmige, konvex-konkav geschwungene Fassaden
- Theatralische illusionistische Vorrichtungen, ›falsche‹ Perspektiven als Trompe-l'œil-Malerei und in dreidimensionaler Form, indirektes Licht, überquellendes Dekor
- Gesprengte oder verkröpfte Giebel, spiralförmig gewundene Säulen

NAMEN AN DER WAND

Die Laufbahn von **Domenico Fontana** (1543–1601) macht deutlich, wie wichtig päpstliche Patronage war und wie eigenartig sich manche Päpste verhielten. Als **Kardinal Montalto** die Mittel für eine Kapelle ausgingen, die er bei Fontana in Auftrag gegeben hatte, streckte dieser selbst 1000 Kronen für die Fertigstellung vor. Etwas später wurde aus Montalto **Papst SIxtus V.**, und Fontanas Karriere war gesichert. Doch derselbe Papst ließ sich die Plünderung des kulturellen Erbes Roms zuschulden kommen und befahl Fontana, das Kolosseum in eine Wollfabrik zu verwandeln.

Der Baldachin unter Michelangelos Kuppel im Petersdom ist ein frühes Werk Berninis.

1605 Die Place Royale (heute Place des Vosges) in Paris wird fertiggestellt. Schon jetzt gibt es Verkehrsprobleme.

1607 Claudio Monteverdi (1567–1643) komponiert die erste Oper: *La Favola d'Orfeo.*

1610 Mit Hilfe des Teleskops entdeckt Galilei die Monde des Jupiter und die Phasen der Venus.

1600–1700

Barock in Frankreich

Mansart, Le Vau

Im Prinzip weist der Barock in Frankreich dieselben formalen und dekorativen Elemente auf wie in Italien, doch eine gewisse Reserviertheit veranlaßt die Franzosen, die besonders theatralischen Aspekte dieses Stils durch klassische Mäßigung zu bändigen.

Zwei Gestalten ragen aus dieser Periode heraus. Die Zeitgenossen François Mansart (1598–1666) und Louis Le Vau (1612–1670), die für Ludwig XIV. arbeiteten, errichteten die bedeutendsten Gebäude des französischen Barock.

Mansarts Maisons-Lafitte (1642–50) ist durch ovale Räume und die nach ihm benannten Mansardendächer charakterisiert. Die Kirche von Val-de-Grace, Paris (1645–67), hat eine in maßvollem Frührenaissancestil gehaltene Fassade sowie eine Kuppel – eine Neuheit in Frankreich.

Le Vau verfügte über das typische barokke Talent, Architektur mit Skulptur, Malerei und Schmuckelementen zu verschmelzen, und schuf so einige der prächtigsten Werke seiner Zeit. Sein Meisterwerk ist das Château in Vaux-le-Vicomte (1657–61), eines der großartigsten französischen Schlösser mit prächtigem überkuppelten Salon, üppigem Dekor von Lebrun (1619–1690) und herrlichen von André Le Nôtre (1613–1700) gestalteten Gärten.

Le Vaus für den Finanzminister Nicholas Fouquet errichtetes Château in Vaux-le-Vicomte.

NAMEN AN DER WAND

Die russische Zarin **Elizabeth Petrowna** war eine aufgeklärte Förderin der Architektur, und auch die Damen des französischen Hofes, allen voran **Katharina de Medici** und **Diane de Poitiers**, die Mätresse Heinrichs II., begeisterten sich für die Architektur. Diane scheint die Erfolgreichere gewesen zu sein, da Katharina angeblich an ›Bauwahn‹ und einem ›äußerst schlechten Geschmack‹ litt. Der **Marquise de Rambouillet** ist die glänzende Einsicht zu verdanken, daß ›cabinets de toilettes‹, ›salles des bains‹ und dergleichen besser in der Nähe des Schlafzimmers als am anderen Ende des Gartens aufgehoben seien.

17. Jh. Musik erfreut sich großer Beliebtheit. Man benötigt Säle für bis zu 40 Musiker plus Zuhörer respektive Tänzer.

1678 Veröffentlichung von John Bunyans Roman *The Pilgrim's Progress*, eine Allegorie auf den Lebensweg des Menschen.

1683 Die Türken belagern Wien, können aber zurückgeschlagen werden. Seitdem florieren in Wien die Kaffeehäuser.

Jules Hardouin-Mansart (1646–1708, der Großneffe von François) wurde 1675 zum königlichen Architekten ernannt und setzte in den 1670er Jahren Le Vaus Arbeit am Palast von Versailles mit seinem prächtigen Spiegelsaal fort. Die berühmten von Le Nôtre geschaffenen Gärten bieten weite Ausblicke als Erweiterung der Enfilade, der linearen Anordnung der Räume im Palastinneren. Diese Art der Axialplanung mit zentralen Punkten, sternförmigen Ausblicken und monumentalen Effekten ist typisch für die Stadtentwürfe jener Zeit. Hardouin-Mansart schuf die Pariser Plätze Vendôme und Victoires. Die Kapelle des Invalidendoms (1680–91) hat eine ovale Kanzel und eine spektakuläre Kuppel mit einem der extremsten illusionistischen Effekte des Barock: Bilder in der äußeren Kuppel werden durch eine Öffnung in der inneren sichtbar und indirekt durch Tageslicht illuminiert.

Rußland

Die Verwestlichung der russischen Architektur wird normalerweise mit dem ›Moskauer‹ Barock der 1680er und 90er Jahre assoziiert, der noch mittelalterlich geprägt, aber mitunter bereits von klassischer Symmetrie und klassischen Ordnungen durchsetzt ist. In der Regierungszeit Peters des Großen (1682–1725) und mit der Gründung von St. Petersburg (1703) wuchs der westliche Einfluß. Bartolomeo Rastrelli (1700–1771), der Architekt der Kaiserin Elisabeth, wurde von Versailles inspiriert, verwendete aber auch einheimische polychrome Dekorationselemente.

Die Pautres

Auch Antoine Le Pautre (1621–1681) war ein bemerkenswert innovativer Architekt im Frankreich des 17. Jh. Sein zwischen andere Bauten gezwängtes Hôtel de Beauvais in Paris (1652–55) ist ein städtebaulicher Geniestreich. Mit einer Fülle unterschiedlicher Formen und Konfigurationen erzielt Le Pautre erstaunliche Effekte. Daneben ist er für sein Buch *Desseins de plusieurs palais* (1652) bekannt, das Kupferstiche mit Entwürfen für ebenso gewaltige wie extravagante Barockpaläste enthält. Le Pautres Neffe Pierre (um 1643–1716) trug auf dem Gebiet der Dekoration zur Entwicklung des Rokokostils bei. Er war der führende Dekorateur in Versailles und unter Hardouin-Mansart für die Ausgestaltung der Kapelle verantwortlich.

Versailles, das für Ludwig XIV. umgestaltet wurde, ist das bekannteste Werk des französischen Barock. Der ›Versailles-Stil‹ stammt von Le Vau, doch Hardouin-Mansart verunklarte später viele Intentionen Le Vaus.

1717 In Frankreich führt der Maler Watteau das durch Unbeschwertheit, Eleganz und Vergnügen gekennzeichnete Genre der *fête galante* ein.

1730er In England stirbt jeder siebte Erwachsene an übermäßigem Gingenuß, woraufhin 1751 eine Ginsteuer eingeführt wird.

1735 Charles Marie de la Condamine entdeckt Gummi, während er in Südamerika die Krümmung der Erde mißt.

1650–1790

Licht und leicht

Spätbarock – Rokoko

Die Karlskirche in Wien mit zahlreichen expressiv eingesetzten römischen Elementen.

Als Rokoko werden häufig Gebäude aus der letzten Phase des Barock, vor allem in Österreich und Süddeutschland bezeichnet. Rokoko meint eine bestimmte Form von Dekor – leicht, weiß, asymmetrisch – und ist häufig durch ländliche Szenen, natürliche Kurven und muschelartige Formen gekennzeichnet. Der Begriff selbst geht auf das französische Wort ›Rocaille‹ – felsartige Inkrustationen an Grotten und Brunnen – zurück. Typisch für das Rokoko ist aber auch eine bestimmte Form räumlicher Komplexität, die von dem Italiener Guarino Guarini (1624–1683) entwickelt wurde. Dessen reich ornamentierte Werke mit ihrer raffinierten Verwendung konvexer und konkaver Formen sind eine Synthese aus den phantastischen Geometrien Borrominis und den illusionistischen Effekten Berninis.

Johann Bernhard Fischer von Erlach (1656–1723) war die herausragende Gestalt des Spätbarock in Europa. Er schulte sich an der Bildhauerkunst und studierte die Werke Borrominis und Berninis. Seine Leidenschaft für das Oval wird an Schloß Frain (um 1690) mit seinen ovalen Fenstern und seiner ovalen Vorhalle deutlich, aber auch an der Dreifaltigkeitskirche in Salzburg (1694–1702), die eine Kombination aus einer querovalen Vorhalle und einem längsovalen Inneren darstellt. Sein bestes Werk ist die Karlskirche in Wien (beg. 1716), in der sich der Plan eines griechischen Kreuzes und ovale Formen durchdringen. Die Fassade, wesentlich größer als das Kircheninnere, wird von zwei majestätischen Säulen flankiert, deren Vorbilder die Säulen des Trajan und des Marc Aurel in Rom sind.

1755 Immanuel Kant (1724–1804) beschäftigt sich eine Zeitlang lieber mit den Sternen als mit der Philosophie und postuliert die Existenz von Sternverbänden (Galaxien).

1770 Kapitän Cook geht in ›Botany Bay‹, Australien, vor Anker. Joseph Banks, ein Wissenschaftler aus seinem Team, bringt Pflanzen für britische Treibhäuser mit nach Hause.

1783 Die Brüder Montgolfier lassen erstmals einen Heißluftballon aufsteigen.

Johann Lukas von Hildebrandt (1668–1745) wurde 1723 Nachfolger von Erlachs als Hofarchitekt. Sein Oberes Belvedere in Wien (1721–23) hat ein mehrgeschossiges orientalisierendes Dach – damals in Mitteleuropa keine Seltenheit. Das Palais Kinsky in Wien (1713–16) ist ein typisches Werk Hildebrandt: schlanke, hoch aufragende Pilaster im Verbund mit kräftigen Karyatiden, die den offenen Giebel über dem Eingang tragen.

Süddeutschland

Bis ins 16. Jh. dienten Treppen vornehmlich Gebrauchszwecken und waren in der Regel hinter Wänden verborgen. Doch später entwickelten sich neue Formen mit verschiedenen Absatz- und Schachtkonfigurationen. Die barocken Treppen von Johann Balthasar Neumann (1687–1753) experimentieren mit diesem neuen Gestaltungsfeld, etwa bei dem phantastisch geschwungenen, doppelläufigen Treppenhaus im Bischofspalais von Bruchsal (1731–32). Der Grundriß der Wallfahrtskirche Vierzehnheiligen (1743–72) beruht auf drei einander überschneidenden Ovalen auf der Hauptachse des Langhauses, zwei Kreisen in den Querschiffen und kleineren Ovalen in den Seitenschiffen. Die Wirkung der weißen Stuckflächen ist überwältigend.

Johann Michael Fischer (1692–1766) schuf mehr als 32 Kirchen und 22 Klöster, viele von meisterhafter räumlicher Komplexität. Zwei seiner schönsten Abteikirchen sind Ottobeuren und Zwiefalten.

Architektur im Zentrum Europas

Prag spielte eine wichtige Rolle im Rokoko, und die Familie Dientzenhofer hatte maßgeblichen Anteil daran. Kilian Ignaz (1689–1751) war das berühmteste Mitglied dieser Dynastie, ein unermüdlicher Kirchenbauer, der bei Hildebrandt gelernt hatte. Er hatte eine Vorliebe für eigentümliche Formen (Achtecke, Ellipsen) und Kuppeln und war äußerst produktiv. Sein Onkel Johann (1663–1726) war etwas maßvoller und ist vor allem für Schloß Pommersfelden (1711–18) bekannt, ein mit reichem Stuckwerk und exotischen Spiegeln ausgestattetes Etablissement, wie es nur das Rokoko hervorbringen konnte.

Schloß Belvedere, Wien (1693–1724), wurde als Sommerresidenz mit einem See und prächtigen Gärten errichtet. Das Bild zeigt das Obere Belvedere. Das Gebäude ist nach einem Aussichtsturm auf dem Dach benannt

Schwer zu fassen

Das Rokoko ist weniger ein selbständiger Stil als eine spezielle, vor allem in den deutschsprachigen Ländern Europas verbreitete Variante des Spätbarock. In Frankreich erkennt man das Rokoko an einer bestimmten Leichtigkeit und Anmut des äußeren Erscheinungsbildes mancher Gebäude, aber auch einige (wenige) britische Häuser führen ein Rokoko-Innenleben. Abgesehen davon beschränkt sich der Einfluß dieser Richtung auf Gärten, in denen sich Gartenmöbel mit chinesischen, indischen oder gotischen Anklängen finden.

1653 Der fünfjährige Ludwig XIV. wird König von Frankreich.

1658 Faithorne veröffentlicht eine sehr präzise Karte von London, das acht Jahre später durch den großen Brand zerstört wird. 1682 erscheint eine neue Karte von Ogilvy, Morden und Lea.

1665 Wren kommt voller Ideen aus Paris zurück und plant für London Rondelle und sternförmig abstrahlende Boulevards.

1600–1750

Wann ist ein Architekt kein Architekt?

Sir Christopher Wren

Sir Christopher Wren (1632–1723) war Klassizist, Mathematiker und Astronom – und besaß keine Ausbildung als Architekt. Aber er hatte die Texte von Alberti, Serlio und Palladio studiert und während seines Frankreichaufenthalts Mansart und den greisen Bernini kennengelernt. Der Auftrag an ihn, London nach dem großen Brand von 1666 wieder aufzubauen, war ein visionäres Wagnis der Stadtväter.

In Wrens Kirche St. Stephen's, Walbrook (1672–78), überwölben Diagonalbögen das Säulenraster und bilden so eine achteckige Basis für die halbkugelförmige Kuppel.

Wren schlug vor, das Gewirr enger Straßen und verschlungener Gassen durch ein neues System großzügiger, von imposanten Plätzen abstrahlender Boulevards abzulösen. Tatsächlich hielt man dann jedoch an den existierenden mittelalterlichen Straßenverläufen fest. Der Wiederaufbau Londons ging rasch vonstatten und betraf Wohn- und Geschäftshäuser, 50 Stadtkirchen sowie Wrens *opus magnum*, die St. Paul's Cathedral.

Bemerkenswert an den Stadtkirchen sind ihre schlichten Grundrisse und ihr klassisches Erscheinungsbild. Die protestantischen Gotteshäuser dienen vor allem als Versammlungsräume, in deren Mittelpunkt die Kanzel steht. Dank des großen Variantenreichtums der Kirchtürme konnte man sie im Dickicht der Londoner Innenstadt leicht voneinander unterscheiden.

St. Stephen's, Walbrook (1672–87), hat einen rechteckigen Grundriß, ein regelmäßiges Raster korinthischer Säulen und ein Gebälk in Form eines griechischen Kreuzes, das die Kuppel stützt. Wren hielt seine Kirche St. James', Piccadilly (beg. 1684), mit ihrem schlichten rechteckigen Grundriß und dem hölzernen Tonnengewöbe als Decke für ideal. Galerien auf beiden Seiten sind integraler Bestandteil der Komposition und bilden eine dorische Basis für die korinthische Ordnung darüber.

St. Paul's Cathedral

St. Paul's Cathedral (1675–1710) stellt eine dramatische Abkehr vom Licht- und Schattenspiel gotischer Kathedralen dar. Die klaren Räume und glatten Oberflächen werden von natürlichem, durch keine Buntglasfenster gefilterten Licht erhellt.

1660 Wiederherstellung der Monarchie und Gründung der Royal Society. Wren ist Gründungsmitglied.

1693 Gottfried Wilhelm Leibniz (1646–1716) erfindet das Binärsystem und schafft damit die Grundlage für die Computersprache.

1704–11 Frühzeit des englischen Journalismus; Publikation der *Review* (Daniel Defoe), des *Tatler* (Richard Steele) und des *Spectator* (Joseph Addison).

NAMEN AN DER WAND

Roger North (1653–1734), Rechtsanwalt und Gelegenheitsarchitekt, schrieb: »Denn ein überzeugter Architekt ist stolz, eigensinnig, streitlustig, selten verfügbar, ein für die Entwürfe zuständiger Kopfarbeiter, der voller nutzloser vulgärer Schliche steckt; man sei also sein eigener Architekt, oder man sei still.« Und **Vanbrugh** listet Kunden **William Talmans** auf (1650–1719), die bitterlich bereuten, daß sie nicht ihre eigenen Architekten waren: die **Herzöge von Devonshire** und **Kingston**; die **Lords Normanby, Coningsby** und **Portmoor**; **Lady Falkland** und **Sir John Germaine**. Sie alle erlebten »nichts als Ärger und Enttäuschungen«.

»Ein Wunder von einem jungen Mann«

... sagte der englische Antiquar John Evelyn über Sir Christopher Wren, damals ganze 21 Jahre alt und einer der bemerkenswertesten Architekten überhaupt. Der ausgebildete Naturwissenschaftler Wren lebte in einer Zeit großer Entdeckungen und großen Blutvergießens. Als Prosektor für Anatomie am College of Surgeons und als hoch angesehener Geometer war Wren auf seinem Gebiet führend. Nach den Schrecken der Restaurationszeit und dem großen Brand (1666) erwies sich St. Paul's Cathedral als Wrens große Chance – und er nutzte sie.

Ursprünglich war für die Kirche ein griechisches Kreuz mit einem verlängerten Westarm als Grundriß vorgesehen, aber das Establishment bestand auf einem lateinischen Kreuz. Der Altar steht nicht mehr unter der Vierungskuppel, sondern wird durch die Kanzel abgelöst.

Auch beim Außenbau mußte Wren Kompromisse eingehen; die vorgesehene Kolossalordnung wurde durch zwei Geschosse mit kleineren Säulen ersetzt, die das ganze Gebäude umlaufen. Das Obergeschoß verbirgt die Strebebögen und Seitendächer. Die Kuppel wirkt wie eine Maxi-Version von Bramantes Tempietto in Rom. Am ›unenglischsten‹ sind die beiden Türme an der Westfassade, die eher dem nordeuropäischen Spätbarock anzugehören scheinen.

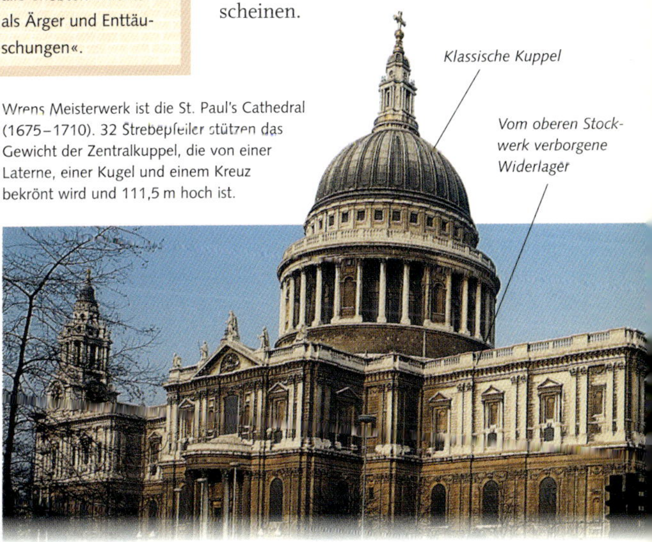

Wrens Meisterwerk ist die St. Paul's Cathedral (1675–1710). 32 Strebepfeiler stützen das Gewicht der Zentralkuppel, die von einer Laterne, einer Kugel und einem Kreuz bekrönt wird und 111,5 m hoch ist.

1669 Samuel Pepys beendet sein berühmtes Tagebuch, in dem er das Londoner Leben in den 1660ern schildert. Pepys stirbt 1703.

1679 Nicholas Hawksmoor wird Wrens persönlicher Assistent und unterstützt ihn bei seinen Entwürfen und der Kontrolle ihrer Umsetzung.

1690 Als Armeehauptmann wird Vanbrugh in Calais wegen Spionage festgenommen und zwei Jahre inhaftiert.

1700–1750

Englischer Barock

Hawksmoor, Vanbrugh und Gibbs

Die großen englischen Bauprojekte des 17. Jh. – St. Paul's Cathedral, Greenwich Hospital und die Stadtkirchen – wurden durch Steuern finanziert, die die Krone erhoben hatte. Das frühe 18. Jh. brachte neues Geld und neue Auftraggeber. Geschäftsleute, die durch die Ausbeutung der Kolonien zu Reichtum gelangt waren, und wohlhabende Landbesitzer begannen, für sich bauen zu lassen.

Hawksmoors Easton Neston (beg. 1702) hat ungewöhnliche Proportionen – schmale Fenster und einen Portikus mit einem einzigen Säulenpaar.

Der Dramatiker John Vanbrugh (1664–1726) wurde, ohne zum Architekten ausgebildet zu sein, einer der führenden Schöpfer von Landsitzen im englischen Barockstil. Er arbeitete mit häufig grob proportionierten, ungefügig wirkenden Massen, die von Puristen abgelehnt wurden, aber ein ganz eigenes Gepräge besitzen. Castle Howard, Yorkshire (1699–1726), mit einem Ehrenhof vor dem von Seitenflügeln flankierten Hauptgebäude ähnelt ein wenig dem französischen Stil des 17. Jh. in Versailles. Innenhöfe, *cours anglaises*, beherbergen die Stallungen und Küchen. Die großartige Anlage hat eine Kuppel und einen Giebel an der Stirnseite.

Seaton Delaval (um 1720–28), Northumberland, hat keinen Vorläufer in der Architekturgeschichte und ähnelt einer mittelalterlichen Festung.

Vanbrugh erhielt von Königin Anne den Auftrag zum Bau des prächtigen Blenheim Palace (1705–24) für den Herzog von Marlborough. Das Anwesen gilt als Vanbrughs schönstes Werk und besticht durch den Kontrast zwischen der Wucht des Mittelblocks und der malerischen Silhouette.

Castle Howard war Sir John Vanbrughs erster Bau. Ein ganzes Dorf wurde zerstört, um Platz für dieses Anwesen zu schaffen.

1698 Hawksmoor begegnet Vanbrugh, einem geistreichen und erfolgreichen Dramatiker, und überredet ihn, es mal als Architekt zu versuchen.

1704 John Churchill, Herzog von Marlborough, schlägt die Franzosen vernichtend. Die Nation schenkt ihm dafür den sündhaft teuren Blenheim Palace.

1711 Queen Anne begründet das Pferderennen von Ascot und gibt damit den Damen Gelegenheit, extravagante Kopfbedekkungen zu tragen.

Nicholas Hawksmoor

Nicholas Hawksmoor (1661–1736) begann seine Laufbahn im Alter von 18 Jahren im Büro von Wren. Er assistierte Vanbrugh beim Bau von Castle Howard und Blenheim Palace. Anders als Wren und Vanbrugh widmete er sich von Beginn an der Architektur und verfolgte dabei einen rigoros analytischen Ansatz, mit Detailzeichnungen und abstrakten Geometrien. Seine bekanntesten Bauten sind die sechs Stadtkirchen, die er zwischen 1711 und 1718 errichtete, als er Inspektor für den Neubau von fünfzig Kirchen war. Seine Sakralbauten, die alle auf Axialplänen basieren und die Raummasse für dramatische Effekte nutzen, kombinieren auf geniale Weise barocke, klassische und gotische Elemente.

Bei St. Mary Woolnoth (1726/27) steht ein massiver, geradliniger Rustikaturm neben dem Hauptraum, dessen Oberfläche kaum gestaltet ist, winzige Öffnungen aufweist und von zwei quadratischen Türmchen bekrönt wird. Die Christchurch, Spitalfields (1723–39), dagegen wirkt weit weniger fest in der Erde verankert. Ihre fragile Spitze schließt einen dünnen Kirchturm ab, der sich über einem vergrößerten, dreidimensionalen Palladiomotiv erhebt.

James Gibbs

Gibbs (1682–1754) war Hawksmoors Kollege bei der Bauaufsicht. Seine Kirche St. Mary-le-Strand (1714–17) ist stark vom italienischen Manierismus geprägt. St. Martin-in-the-Fields (1722–26) zeigt einen deutlichen Stilwandel, Palladio-Elemente sind um römische erweitert, und der Kirchturm befindet sich hinter dem Portikus – ein Modell, das trotz mancher Kritik Schule machen sollte. Gibbs' Name wird heute mit den Rustika-Fensterumrahmungen verbunden, die vor ihm bereits Palladio beim Palazzo Thiene (beg. um 1550) verwendet hatte.

NAMEN AN DER WAND

William Talman (1650–1719) war ein Zeitgenosse Wrens. Sein wichtigster Bau ist Chatsworth House, Derbyshire (1687–96). Die Westfassade ist höchst ungewöhnlich, da sie eine gerade Fensterzahl und daher keinen Mittelpunkt hat – eine subtile Methode, den Betrachter zu verunsichern. Von **Thomas Archer** (ca. 1668–1743) stammen zwei der besten Barockbauten in London. St. Paul in Deptford (1712–30) hat einen halbrunden Portikus mit dorischen Säulen, über dem sich der Turm erhebt, während St. John in Smith Square (1714–28) dank seiner gebrochenen Giebel, gewaltiger Palladiofenster und vier länglicher, jeweils von einer Ananas bekrönter Tambours eine ganz eigenwillige Gestalt besitzt.

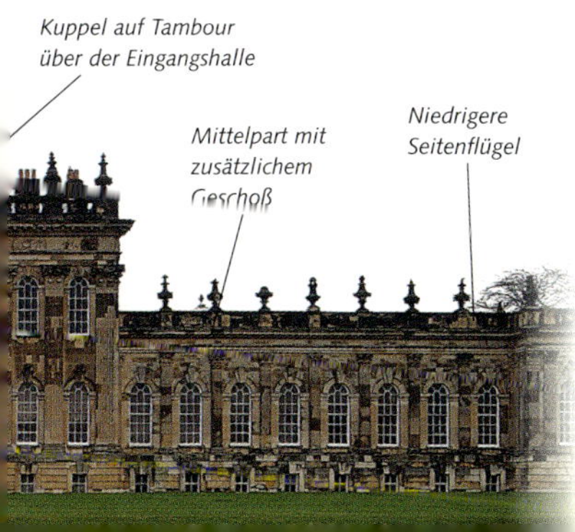

1688 In Frankreich wird Spiegelglas industriell gefertigt. Mansart hatte die neue Technologie bereits in seinem zwischen 1678–84 in Versailles für Ludwig XIV. errichteten Spiegelsaal verwendet.

1690 John Locke (1632–1704) verfaßt seinen Essay *Concerning Human Understanding*. Er meint, empirisches Wissen sei das einzige dem Mensch zugängliche Wissen.

1706 Henry Mill erfindet die Federung für Kutschen, die dadurch wesentlich bequemer werden.

1715–1750

Neopalladianismus

Burlington, Campbell und Kent

Chiswick House in London wurde von Lord Burlington mit Hilfe von William Kent in einem stark italianisierenden Stil entworfen.

Der Neopalladianismus war zugleich eine Wiederbelebung des Stils von Inigo Jones. In England entstanden in dieser Zeit zahlreiche Herrenhäuser, die von Palladios Landsitzen inspiriert waren oder diese imitieren. Freitreppen führen zu den überdachten Eingängen, die sich im über einem rustizierten Halbsockel liegenden Hauptgeschoß befinden. Die Grundrisse sind geometrisch, repetitiv und symmetrisch. Durch die verschiedenen Neigungswinkel der Dächer und die Kuppeln wird die Massigkeit der Gebäude aufgelockert.

Palladio-Grundrisse sind streng geometrisch.

Der Name Richard Boyle Burlington (1694–1753) ist ein Synonym für Neopalladianismus. Der Amateurarchitekt war als Geldgeber extrem einflußreich und finanzierte unter anderem die Publikation von Palladios Zeichnungen der römischen Thermen sowie Kents Entwürfe von Inigo Jones. Seine eigene als Bibliothek und Galerie intendierte Villa in Chiswick (beg. um 1720) war Palladios Villa Rotonda nachempfunden. Am Fuß der Eingangstreppe stehen Statuen von Palladio und Inigo Jones. Burlingtons strikte Befolgung der klassischen Regeln und seine Nachahmung Palladios zeigen sich auch in seinen anderen Werken, etwa dem Ballsaal der Assembly Rooms, York (1731–32), der dessen ägyptische Säle imitiert.

Burlingtons ›Boys‹

Colen Campbell (1676–1729) war Rechtsanwalt, bevor er 1715 den ersten Band von *Vitruvius Britannicus* veröffentlichte. Lord Burlington war so beeindruckt, daß er Gibbs, der mit ihm am Burlington House zusammengearbeitet hatte, entließ und dafür Campbell einstellte. Sein Mereworth Castle, Kent (1722–25), ist eine weitere Version der Villa Rotonda. Houghton Hall – für den Premierminister Robert Walpole errichtet (1721) – hat einen zentralen Salon und eine würfelförmige Halle, die auf Inigo Jones' Queen's House zurückgeht. Die Fenster sind von Rustikarahmen à la Gibbs umgeben, die ihrerseits Palladios um 1550 begonnenem, aber nie fertiggestelltem Palazzo Thiene entlehnt sind.

1715 Geburt des Landschaftsgärtner Lancelot ›Capability‹ Brown, der wesentlich zum Erscheinungsbild von Blenheim und Kew beitragen wird.

1742 Entwicklung des Farbholzschnitts in Japan. Kitagawa Utamaro (1753–1806) wird der wichtigste Vertreter der Ukiyo-e-Bewegung, die sich auf die Freuden des Lebens konzentriert.

1749 Henry Fielding verfaßt sein Meisterwerk *Tom Jones*, die pikaresken Abenteuer eines Findlings.

William Kent (1685–1748), Landschaftsgärtner und Architekt, wurde von Burlington in Rom beim Studium der Malerei entdeckt (1719). Sein bestes Werk, Holkham Hall (beg. 1734), beeindruckt durch die Innenräume, ein Kompendium palladianischer Klassik und üppigen italienischen Barocks. Der Grundriß basiert auf vier identischen um einen zentralen Block gruppierten Flügeln. Sein letztes Werk in London sind die Horse Guards (1750–58), die allerdings stark an Holkham erinnern.

NAMEN AN DER WAND

Die palladianische Verbindung einer Rustikabasis, klassischer Ordnungen und einer Dachbalustrade wurde insbesondere in London und Bath auf die Stadthäuser übertragen, die die Bauunternehmer an Straßen, Plätzen und ›Crescents‹ errichteten. Als Vorbild diente Mansarts Place Vendôme in Paris. Die Straßenfassaden erwecken den Eindruck, als handele es sich um ein einziges Gebäude. Die berühmtesten Beispiele sind der von **John Woods d. Ä.** (1704–1754) in seinem Todesjahr begonnene Circus, der von seinem gleichnamigen Sohn (1728–1781) fortgeführt wurde und dessen Royal Crescent (1761–65) in Bath.

Kents Hauptbedeutung liegt in seiner Konzeption des englischen Landschaftsgartens und der Idee, Architektur als Teil der Landschaft aufzufassen, statt sie die Natur dominieren zu lassen.

Eine Art Arkadien

Soll man Kunst in Landschaft oder Landschaft in Kunst verwandeln? Im 18. Jh. begaben sich junge adelige Briten gerne auf eine Kavalierstour nach Italien. Und auch wenn sie nicht ganze »Wagenladungen toter Christusse oder Madonnen« (William Hogarth) zurückbrachten, sahen sie doch zumindest die Gemälde von Nicolas Poussin (1594–1665) und Claude Lorrain (1600–82) – Palladianische Landschaften in Reinkultur. Irgendwer hatte die Idee, diese Landschaften mit Bäumen, Seen und Tempeln in der Realität nachzuschaffen. Viele versuchten es, doch die Nummer Eins unter den Landschaftsarchitekten blieb Lancelot ›Capability‹ Brown (1716–1783) der mit seinen hortologischen Großtaten in Blenheim (1765), Stowe (Buckinghamshire), Stourhead (Wiltshire) höchste Maßstäbe gesetzt hat.

Campbells Mereworth Castle, Kent in London, eine weitere sorgfältige Kopie von Palladios Villa Rotonda.

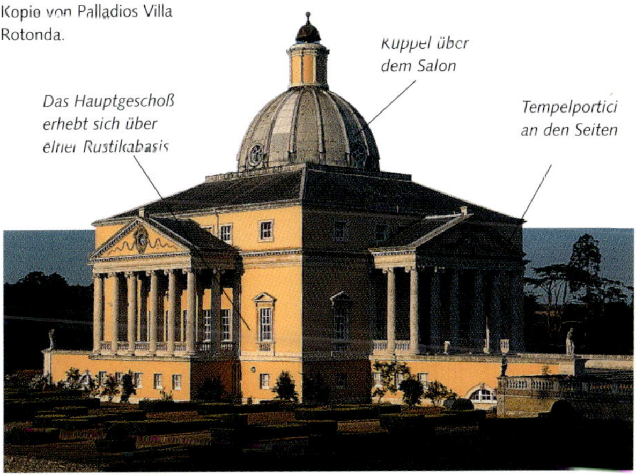

1700er Für englische und europäische Gentlemen ist die Grand Tour durch Europa und seine historischen Stätten ein Muß.

1717 Händels *Wassermusik* wird erstmals auf der Themse aufgeführt. Das Stück wurde von Händel für König George I. komponiert, der wie er von Geburt Deutscher war.

1725 In Städten ist die im vorigen Jh. eingeführte Sänfte zu einem etablierten und beliebten Transportmittel für die Reichen geworden.

1720–1795

Die Adam-Family

Georgianisch

Die gestalterische Begabung und der Geschäftssinn der Familie Adam ließ sie zu höchst erfolgreichen Bauunternehmern und Innenarchitekten werden. Zwischen der Strenge des Neopalladianismus und der Nüchternheit des ›Greek Revival‹ ist der stark von italienischen und römischen Gebäuden beeinflußte Adam style weniger prunkhaft, zurückhaltender, schöner und eleganter, kurz eine vornehmere Version des Neoklassizismus.

Robert Adam (1728–1792) war davon überzeugt, daß sich Architekten um die äußere und die innere Gestaltung von Gebäuden kümmern sollten, und schuf selbst Interieurs mit unübertroffen komplexen und ausgefeilten Dekorationen. Seine weißen, über kräftigen Farben angebrachten Gipsverzierungen verleihen glatten Oberflächen Tiefe. Häufig wiederholen sich bei ihm die Dekorelemente der Deckenstukkaturen in den Mustern der Teppiche auf dem Boden. Durch die Erweiterung der Räume um Nischen, Alkoven und Reihen freistehender Säulen nebst dahinter befindlichen Apsiden wirken sie noch luxuriöser.

Robert Adam hatte mit seinen Brüdern James (1732–1794) und John (1721–1792) im Büro ihres Vaters in Edinburgh Architektur studiert. Eine Reise durch Europa (1754–58) ermöglichte ihm das Studium der römischen Bauten der Antike. Danach ließ er sich in London nieder und arbeitete hauptsächlich an der Innenausstattung von Häusern wie Kenwood (1767–69), Syon House (1760–69) und Osterley Park (1761–80). Kedleston Hall, Derbyshire (beg. 1759), macht seine Abkehr vom reinen Palladianismus deut-

Stein um Stein

Die palladianische und die klassizistische Zeit in Großbritannien hatten völlig neue, steinerne Stadtlandschaften zur Folge. So sind Bath und der Nachbarort Clifton in Bristol von dem lokalen gelben Stein geprägt, Edinburghs New Town schimmert in elegantem grauen Granit, während in Midland roter Sandstein vorherrscht. Die Verwendung vor Ort vorhandener Materialien half die Kosten einzudämmen und trug überdies zu der von den Architekten angestrebten Eleganz und Dauerhaftigkeit der Bauten bei. Auch Backstein wurde verwendet, nicht zuletzt im georgianischen Bloomsbury, aber sobald es um Statusfragen ging, kam nur Naturstein in Frage. Soanes Bank of England aus den 1790ern belegt dies nachhaltig.

1752 In Amerika erfindet Benjamin Franklin den Blitzableiter.

1781 William Herschel (1738–1822) entdeckt den Planeten Uranus.

1792 Frankreich wird Republik, Ludwig XV. 1793 hingerichtet. Auch viele Adlige werden guillotiniert.

lich. Der Plan, der auf James Paine (1717–1789) zurückgeht, ganz zu schweigen, von anderen Architekten, deren Vorschläge abgelehnt worden waren, ist noch palladianisch und stark an Holkham Hall, Norfolk (beg. 1734) orientiert. An der Fassade des Haupteingangs findet sich der übliche Giebelportikus. Doch andere Elemente sind deutlich römisch inspiriert: Die Südfassade ist dem Konstantinsbogen nachempfunden und einem Salon mit pantheonartiger Kuppel vorgelagert.

Die Bibliothek von Kenwood House, London (1767–69), eines der für Robert Adam charakteristischen Interieurs.

Wohnhäuser

Adam entwarf mehrere ›Reihenhäuser‹, darunter Charlotte Square in Edinburgh (1791 entworfen) und Fitzroy Square in London. Bei beiden befinden sich hinter einer ›Palazzo‹-Fassade Einzelhäuser. Ein ehrgeiziges Projekt mit seinem Bruder James war das Adelphi (1768–72, 1928 abgebrochen), mit Stallungen, Büros, Lagerhäusern und Wohnungen. Der abschüssige Boden des am Ufer der Themse errichteten Komplexes wurde für Zufahrtsstraßen in Höhe des ersten Stocks genutzt, der sich über den Rustika-Arkaden des darunterliegenden Kais befand. Die Fassade bestand aus bemaltem Stuck mit Dekormotiven und einer Kolossalsäulenordnung. Das Projekt war ein finanzielles Desaster und machte Adams für mehrere Jahre arbeitslos.

Die typisch palladianische Nordfassade von Kedleston Hall in Derbyshire (beg. 1759).

Alles mit Stil

Robert Adam war ein britischer Architekt von europäischem Format. Zu seinen zahlreichen Errungenschaften gehört die Entwicklung eines neuen Dekors mit einer bestimmten ›Zielgruppe‹ vor Augen – diejenigen, die eine neue Form von Klassizismus wünschten. Adams achtete bei der Ausgestaltung seiner Bauten auf jedes Detail. Die Wände seiner in angenehmen Pastellfarben gehaltenen Räume schmücken etruskische Motive, die Fußböden sind aus Marmor, und die Simse der nach ihm benannten Kamine werden von Miniatursäulen gestützt. Und schaut man aus dem Fenster, so fällt der Blick auf liebliche Landschaftsgärten.

1811 John Nash, seit kurzem mit der angeblichen Mätresse des Prinzregenten vermählt, erhält den Auftrag zur Ausgestaltung des Regent's Park mit Häuserreihen, Villen und malerischen Seen.

1812 Thomas Bruce, der siebte Graf von Elgin, bringt die sogenannten Elgin-Marbles (Parthenon-Giebelfiguren) nach England.

1813 In den Ballsälen Europas feiert der Walzer Triumphe.

1790–1840

Männliche Tugenden

›Greek Revival‹

Der Neoklassizismus war eine eindeutige Reaktion auf die Exzesse des Barock und auf die zunehmend in Mode kommende pittoreske Neugotik. Beide Stile blickten auf eine Vergangenheit zurück, in der das Leben mutmaßlich einfacher war, nämlich das Mittelalter bzw. die römische und griechische Antike. Die früheste, die griechisch-dorische Ordnung kam dem Streben nach Reinheit entgegen. Sie war am schlichtesten und ›männlichsten‹. Zwei Architekten nahmen sich ihrer in besonderem Maße an: Sir John Soane und John Nash.

Mächtige Säulen, dorische Kapitelle und flache Stukkaturen

Nashs Park Crescent, Regents Park, in London (1811–22) hat eine schlichte, halbkreisförmige Fassade am Portland Place, der in die Regent Street führt.

Soanes Kirchen

Vor allem zwei Londoner Kirchen zeugen von Soanes rigorosem Ringen um die Reinheit der Form. Die Westfassade von St. John's hat einen Giebel, aber keinen Portikus; die den Eingang flankierenden Säulen erheben sich bis über die Gesimslinie und bilden die Basis des quadratischen Turmes. Bei St. Peter's, Walworth, hingegen sind die ionischen Säulen der Vorhalle nach hinten versetzt. Der umlaufende Fries mit rechtwinklig gebrochenen Mäandern betont die Horizontale im Kontrast zu dem hohen Turm.

Sir John Soanes (1753–1837) Architektur ist bewußt eigenwillig. Im Gegensatz zu anderen kopierten ›Stilen‹ ist sie am ehesten eine Abstraktion des Klassizismus. Bestimmte Elemente werden in seinem Werk ständig weiterentwickelt, das räumliche Potential von Wänden durch mehrere Schichten und Vertiefungen erkundet. Oberflächen sind meist frei von Dekor, applizierte

NAMEN AN DER WAND

Humphrey Repton (1752–1818), von dem die Bezeichnung ›landscape gardening‹ stammt, war einer der Nachfolger von **Lancelot ›Capability‹ Brown**. Als verarmter Landedelmann mußte er sich von seiner Leidenschaft für die Hortikultur ernähren. Auch wenn er selbst architektonischen Projekten gegenüber nicht abgeneigt war, vermittelte ihm **Nash** entsprechende Aufträge gegen eine kleine Kommission. Repton war an der Gestaltung von etwa zweihundert Gärten und Parks beteiligt und wird sogar von **Jane Austen** in ihrem Roman *Mansfield Park* erwähnt.

1814 Erstmals wird Gas für die nächtliche Straßenbeleuchtung verwendet; Westminster in London ist von nun an die ganze Nacht erleuchtet.

1815 In der Schlacht von Waterloo schlagen die Truppen Wellingtons die Armee Napoleons vernichtend.

1820 Der dänische Physiker Hans Oersted stellt fest, daß elektrischer Strom eine Kompaßnadel beeinflußt und entdeckt so den Elektromagnetismus.

Formen äußerst dünn oder ganz in die Oberfläche integriert. Wie bei den Architekten des Barock ist die sinnliche Raumerfahrung ebenso bedeutend wie die visuelle Harmonie und die geometrische Logik. Doch dramatische Effekte verdanken sich bei ihm eher der Manipulation von Raumvolumen und Tageslicht als von Form und Dekor.

Soanes eigenes Haus in Lincoln's Inn Fields, London, ist die Apotheose seines Lebenswerks. Über dem Plan eines normalen Reihenhauses entfalten sich magisch ineinander verschachtelte Räume, die durch ein unsichtbares Laternenmeer auf dem Dach mit Tageslicht versorgt werden.

Lockere Sparren

Künstliche Ruinen im ländlichen Park sind ein teures, aber beliebtes Vergnügen, wie auch die Grotten von Stourhead oder der Turm von Cothele, Devon, zeigen. Doch wenn man ein exzentrischer Millionär ist, sich für Architektur interessiert und William Beckford (1760–1844) heißt, dann errichtet man lieber gleich eine ganze gotische Abteikirche (1796–1807) mit einem riesigen Turm, der dem Vorbild der Kathedrale von Salisbury nachempfunden ist und dessen Einsturz (1825) niemanden überrascht.

Immer mit der Mode

Im Gegensatz zu dem Individualisten Soane folgte John Nash (1752–1835) der Mode und baute in jedem gewünschten Stil. Als Landhausarchitekt entwarf er Luscombe Castle, Devon (1800–04), ein asymmetrisch konzipiertes gotisches Schloß, und Cronkhill, Shropshire (um 1802), in einem ähnlich pittoresken, italienisch gefärbten Stil. Sein Royal Pavilion in Brighton (beg. 1815) mit Zwiebelkuppeln und Minaretten ist in orientalischem Stil gehalten. Die im Hinblick auf Umfang und Genialität bedeutendste Leistung Nashs ist die Gestaltung eines Abschnitts von London (ab 1811), zu dem Regent's Park und Portland Place, Regent Street, Carlton House Terrace sowie die All Souls Kirche am Langham Place (1822–25) zählen. Das Erscheinungsbild der den Park säumenden Häuserzeilen ist unspektakulär, umfaßt aber alle nur denkbaren neoklassizistischen Stilelemente. Am interessantesten ist Park Crescent an der Spitze des Portland Place mit einer äußerst schlichten Fassade, flachen Stukkaturen, ionischen Säulen – und der kühnsten Form.

Soanes Haus in Lincoln's Inn Fields (1812–13). Die Erkerfenster im ersten Stock waren ursprünglich eine offene Loggia.

1751 Denis Diderot (1713–1784) veröffentlicht den ersten Band seiner Enzyklopädie, ein Versuch, das menschliche Wissen zusammenzufassen.

1773 Amerikanische Kolonisten werfen Kisten mit ostindischem Tee im Hafen von Boston ins Wasser (›The Boston Tea Party‹), um gegen das britische Monopol und britische Steuern zu protestieren.

1781 In Yorktown, Virginia, kapituliert General Cornwallis gegenüber George Washington. Zu Marschmusik werden die britischen Soldaten abgeführt.

1790–1840

Und immer wieder Griechenland

Noch einmal ›Greek Revival‹

Die Mode, die antike griechische Architektur wiederzubeleben, hatte sich Ende des 18. Jh. durchgesetzt und löste sich zunehmend von britischen Einflüssen. ›Schlicht, robust und männlich‹ mit ihren geometrischen Formen und dem Fehlen von Dekorelementen stellt sie eine Alternative zum pittoresken ›Gothic Revivial‹ dar und bildet eine Allianz mit dem zeitgenössischen Neoklassizismus.

Der Ökonom und Pädagoge Thomas Jefferson (1743–1826), der dritte Präsident der USA, war zudem ein erfolg- und einflußreicher Architekt. Er hatte Europa bereist und orientierte sich bei seiner Arbeit an Palladios *Quattro libri* und an Robert Morris' Buch *Select Architecture*. Das Virginia State Capitol, das erste von ihm entworfene neoklassizistische Gebäude in den USA, prägte spätere staatliche Architektur. Er war an der Planung von Washington, D.C. und der neuen Universität von Virginia beteiligt (1817–26). Der axiale geradlinige Rasen mit Portikus-Villen an den Längsseiten und dem Hauptgebäude am einen Ende wurde zum Modell für viele Hochschulen.

Benjamin Henry Latrobe (1764–1820) hatte in England als Architekt und Ingenieur gearbeitet, bevor er in die USA emigrierte und in die Dienste Jeffersons trat. Seine Bank of Pennsylvania (1799–1801) und das Wasserwerk

NAMEN AN DER WAND

James ›Athenian‹ Stuart (1713–1788) und **Nicholas Revett** (1720–1804), die vier Jahre in Griechenland zugebracht und 1762 ihre *Antiquities of Athens* veröffentlicht hatten, gelten als Begründer des ›Greek Revival‹ in England. **Sir Robert Smirke** (1780–1876) führte den Stil mit seinem Covent Garden Theatre (1808, zerstört), dem ersten griechisch-dorischen Gebäude, in London ein. Der bekannteste Bau des erfolgreichen Architekten ist das gewaltige British Museum in London (1823–47) mit seinem dezidiert griechischen Gepräge.

Deutschlands Nr. 1

Karl Friedrich Schinkel (1781–1841) war der bedeutendste deutsche Architekt des Neoklassizismus. Er studierte unter **Friedrich Gilly** (1772–1800) und wurde bereits 1830 Leiter des Staatsbauamtes in Preußen. Vor allem in Berlin schuf er viele prestigeträchtige Bauten wie etwa die Neue Wache (1816–18) und das Schauspielhaus am Gendarmenmarkt (1818–21) im Stil des ›Greek Revival‹. Im Portikus des Alten Museums befindet sich ein Wandgemälde, und das Zentrum des zur Gartenseite hin offenen Inneren bildet eine große Rotunde. Zu den letzten Werken Schinkels, der auch bedeutende Bühnenprospekte und Gemälde schuf, zählen der Charlottenhof (1826) und das Römische Badehaus (1833), zwei fast ländlich anmutende Gebäude im Park von Potsdam, sowie die erst acht Jahre nach seinem Tod fertiggestellte Nikolaikirche, ebenfalls in Potsdam.

1783 Im Vertrag von Paris erkennen die Briten die amerikanische Unabhängigkeit an. Damit ist der Krieg zu Ende.

1787 Die Vereinigten Staaten führen den Dollar als Währung ein. Ab 1792 werden Münzen geprägt.

1789 Bourgeoisie und Bauern verbünden sich und lösen die Französische Revolution aus. Drei Jahre später wird Frankreich Republik.

(1800) in Philadelphia etablierten den Klassizismus in Amerika. Die vermutlich von Soane beeinflußte Kathedrale von Baltimore (1804–18) ist sein bestes Werk. Sie hat eine Flachkuppel, ein sehr langes Hauptschiff und ein prächtiges Gewölbe.

Frankreich

Die Werke von Etienne-Louis Boullée (1728–1799) und Claude-Nicolas Ledoux (1736–1806) treiben den Neoklassizismus auf die Spitze. Die schlichten, völlig geometrischen Formen sind in ihrer Kombination zugleich äußerst expressiv. Das von Boullée geplante Monument für Isaac Newton (1784), eine gewaltige 150 m hohe Kugel, die sich über einem Tambour erhebt, der den Himmel symbolisiert, drückt seine Überzeugung aus, daß Architektur Charakter und Magie, aber auch Vernunft und Logik repräsentieren soll. Während die meisten Werke Boullées Entwürfe blieben, wurden die von Ledoux realisiert. Die Barrière de la Villette (1785–89), eine der noch existierenden Zollschranken von Paris, hat die Form eines griechischen Kreuzes und eines Zylinders. Die Salinen von Arc-et-Senans (1775–79) sind der einzige fertiggestellte Teil der von ihm entworfenen visionären Stadt Chaux mit ihrer ungewöhnlichen Kombination klassischer Motive. Unkannelierte dorische Säulen flankieren einen massiven Bogen, der zu einem grottenartigen Tunnel führt.

Virginia University, Thomas Jefferson. Die Gebäude sind Kopien von Klassikern und dienten den Studenten als Anschauungsmaterial.

Die Stufen betonen den Mittelpunkt

Die Rotunde ist eine Kopie des Pantheon in Rom

Die Griechen in Schottland

William Henry Playfair (1790–1857) und **Thomas Hamilton** (1784–1858) leiteten das ›Greek Revival‹ in Edinburgh. Die ionische National Gallery of Scotland (1850) und die dorische Royal Scottish Academy (1822) sind Playfairs bekannteste Werke. **Alexander ›Greek‹ Thomson** (1817–1875), schuf 30 Jahre später mehrere reizende Kirchen in Glasgow, bei denen er die Reinheit der Form und das Fehlen von Dekor mit gestalterischer Originalität verband. Die Caledonia Road Church (1856) hat einen mustergültigen ionischen Portikus über einer massiven Basis.

1829 In Wien wird ein Instrument namens Sheng vorgestellt, das man im Westen bald als Mundharmonika kennt.

1837 Frankreich gründet die Kommission für historische Monumente, die sich, trotz der Proteste der Neoklassizisten, um die Restaurierung mittelalterlicher Gebäude kümmern soll.

1840er Alle besseren Stadthäuser haben inzwischen Gasbeleuchtung.

1800–1900

Große Ambitionen

›Gothic Revival‹

Als der Palace of Westminster Mitte des 19. Jh. errichtet wurde, repräsentierte er mit seiner malerischen Silhouette, den Spitzbögen, Spitztürmen und Fialen einen Triumph der Neugotik über den Neoklassizismus. Bis dahin hatten Architekten und Geldgeber den neoklassizistischen Stil bevorzugt, der die etablierte Norm für bedeutende Institutionen war. Die Neugotik wurde nur für Sakralbauten akzeptiert.

Barrys Westminster New Palace, London (1836–68), der Sitz des britischen Parlaments, ist das erste bedeutende Gebäude des ›Gothic Revival‹. Die authentischen gotischen Details stammen von A.W.N. Pugin.

Das Rijksmuseum in Amsterdam von Petrus Cuijpers, eine niederländische Version säkularisierter Neugotik mit steilen Dächern und Kreuzrippengewölbe.

Mit Ausnahme seiner Großen Halle wurde der mittelalterliche Westminsterpalast 1834 fast völlig durch einen Brand zerstört. Man beschloß, die neuen Palastbauten im gotischen Stil zu errichten und nicht im gängigen neoklassizistischen, da jener besser zu den erhaltenen Resten paßte. Dennoch akzeptierte man die Pläne Charles Barrys (1785–1860), eines überzeugten Neoklassizisten; Augustus Welby Northmore Pugin (1812–1852) sorgte für die neugotische Note. Barrys Plan sah symmetrische Fassaden vor, die gotischen Verzierungen – Spitzbögen und Wimperge – wurden von Pugin, einem gläubigen Katholiken, hinzugefügt, der vom direkten Zusammenhang zwischen religiösem Glauben und den gotischen Kathedralen, insbesondere denen im Stil des 13. und 14. Jh., überzeugt war.

1843 Pugin wird in exzentrischem Matrosenoutfit in der Nähe der Küstenstadt Ramsgate gesichtet.

1848 Gründung der präraffaelitischen Bruderschaft in England, die die Reinheit der italienischen Malerei des 15. Jh. in die Kunst einführen will.

1881 In Berlin wird die erste Straßenbahn der Welt in Betrieb genommen.

NAMEN AN DER WAND

Der französische Theoretiker **Eugène Emmanuel Viollet-le-Duc** (1814–1879) wies im *Dictionnaire raisonné de l'architecture française* (1854–68) nach, daß die gotische Architektur rational und logisch konstruiert ist und im Einklang mit den Naturgesetzen von Struktur und Schwerkraft steht. In seinen *Entretiens* verglich er die Gotik mit der von Ingenieuren entwickelten zeitgenössischen Skelettbauweise. Ihm ist auch die Wiederherstellung der Statuen der ›Könige von Juda und Israel‹ an der Fassade von Notre-Dame in Paris zu verdanken. Sie waren 1793 zerstört worden, weil man sie für Porträts der französischen Könige hielt.

Sir George Gilbert Scotts St. Pancras Station mit Hotel (1868–74) ist einer von Londons viktorianisch-neugotischen Glanzpunkten.

Säkularisierte Gotik

Das ›Gothic Revival‹ (Neugotik) war gegen Ende des 18. Jh. in Mode gekommen. Horace Walpole ließ sein Haus Strawberry Hill in einem eklektizistischen gotischen Stil errichten (1749–76). Doch erst mit dem Westminsterpalast wurde das ›Gothic Revival‹ für Säkularbauten akzeptiert. Weitere neugotische Bauten in Großbritannien sind das Midland Hotel (1865) vor dem Bahnhof St. Pancras und die Universität von Glasgow (1866–71), von Sir George Gilbert Scott (1811–1878), sowie die Law Courts in London (1866–85), von George Edmund Street (1824–1881). Auf dem Kontinent war das von Imre Steindl (1839–1902) entworfene Parlamentsgebäude in Budapest (1885–1902) eine Nachahmung des Westminsterpalastes. Das Rijksmuseum in Amsterdam (1877–85) von Petrus Cuijpers (1827–1921) ist ein weiteres Beispiel für diesen Stil.

Großkritiker

Augustus Pugin und John Ruskin (1819–1900) waren im viktorianischen England die maßgeblichen Autoritäten in Sachen Kunst und Architektur. Pugin und seine katholische Leidenschaft für die Gotik hatten wesentlichen Anteil am ›Gothic Revival‹. Und der Eigenbrötler Ruskin hatte den Kunstdiskurs seiner Zeit fest im Griff. In *The Seven Lamps of Architecture* (1849) propagierte er Opfer, Wahrheit, Macht, Schönheit, Leben, Gedenken und Gehorsam (»wir wollen keinen neuen Stil ... die bekannten Formen der Architektur sind gut genug für uns«). Doch in seinem Werk *The Stones of Venice* (1851–53) äußerte sich der Manisch-Depressive dann positiv über die venezianische Gotik und den ›Decorated Style‹. Kein Wunder, daß in Großbritannien ein solcher Stilmischmasch herrscht!

1777–79 In Coalbrookdale entsteht die erste Eisenbrücke. Abraham Darby verwendet erstmals Koks statt Holzkohle zur Herstellung von Gußeisen.

1782 James Watt läßt sich die verbesserte Dampfmaschine patentieren. Die Zeit des Wasserrades ist nun endgültig vorbei, und die Industrielle Revolution kann beginnen.

1818 Für den Bau des Royal Pavilion in Brighton verwendet John Nash Gußeisen.

1830–1900

Das ›Eiserne Zeitalter‹

Eisen und Stahl

Die Architekten, die sich vor allem für Stilfragen interessierten, begriffen nur langsam, welche Chancen ihnen die neuen Bautechniken boten. Die Verwendungsmöglichkeiten der neuen Materialen wurden zunächst von Ingenieuren erkannt, die sich für das Potential von Eisen und Stahl begeisterten. Erst mit Sir Joseph Paxtons Kristallpalast erwachte auch das Interesse der Architekten daran.

Der anläßlich der ›Great Exhibition‹ von 1851 im Hyde Park, London, errichtete Kristallpalast von Sir Joseph Paxton (1801–1865) wurde in nur neun Monaten gebaut. Die Eisenbauweise aus vorgefertigten Glaspaneelen war eine bahnbrechende architektonische Leistung. Der lichtdurchflutete, um Bäume herumgebaute Palast hatte gewaltige Ausmaße (125 x 60 m Fläche und 22 m Höhe).

Brückenbau

In struktureller Hinsicht wurde Gußeisen erstmals 1779 in England für eine Brücke in Coalbrookdale verwendet, gefolgt von Brücken in den USA und Frankreich. Der Wettbewerb zwischen den Eisenbahngesellschaften trieb den Brücken- und Schienenbau voran und führte auch zur Produktion der im Häuserbau verwendeten I-Träger. Thomas Telford (1757–1834) baute als erster Bogenbrücken aus dem besonders druckresistenten Gußeisen. Für die Ketten der Hängebrücke über den Menaikanal (1819) benutzte er hingegen das spannungsresistentere Schmiedeeisen. Für seine Eisenbahnbrücke über den Menai (1850) verwendete Robert Stephenson ein innovatives System aus schmiedeeisernen Kastenträgern.

Der Kristallpalast in London wurde 1851 für die ›Great Exhibition‹ gebaut und 1936 durch ein Feuer zerstört.

Stahlträger und Moderne

Stahlträger bedeuteten den Durchbruch für die britische Moderne. Der Ingenieur Felix Smuely (1902–1959), ein ungarischer Emigrant, spielte bei der Entwicklung von Stahlkonstruktionen in Großbritannien eine wichtig Rolle, und der von Eric Mendelsohn (1887–1953) und Serge Chermayeff (geb. 1900) entworfene De la Warr-Pavillon in Bexhill-on-Sea (1935–36) war eines der ersten realisierten geschweißten Stahlgebäude.

1819–25 Errichtung der von Telford entworfenen Hängebrücke über den Menaikanal (Spannweite 160 m).

1825 In England verkehrt die weltweit erste Eisenbahn auf der Linie Stockton-Darlington.

1842 Crawford Long verwendet in den USA erstmals Äther als Betäubungsmittel, um einen Tumor am Hals eines Patienten zu entfernen.

NAMEN AN DER WAND

Lewis, der jüngste, faulste, aber auch der am besten ausgebildete der drei **Cubitt-Brüder** wurde bei seine Entwürfen für King's Cross von seinem mittleren Bruder **Joseph** unterstützt. Der älteste, **Thomas,** war einer der ersten Bauunternehmer. Er beschäftigte Handwerker aller Art in einem festen Anstellungsverhältnis, betrieb Bauprojekte in einem bis dahin unbekannten Ausmaß und erschloß auf eigene Rechnung neue Grundstücke. Außerdem interessierte er sich für so unterschiedliche Themen wie Rauch, Abwässer, Parks und öffentlichen Wohnkomfort und war einer der stärksten Befürworter der ›Great Exhibition‹ von 1851.

Das Eisengerippe verbindet Leichtigkeit und Komplexität des Designs

Das Doppelgewölbe ist fast 20 m hoch

Die riesige transparente Hülle des Palmenhauses in den Royal Botanic Gardens, Kew, London (1845–47), stammt von Decimus Burton und Richard Taylor.

Aber ist das wirklich Architektur?

Eisen wurde zunächst nur für Lagerhäuser, Fabriken und Markthallen verwendet, also für typische Bauten des 19. Jh. Die Wartungshallen von Endbahnhöfen mit ihren gewaltigen Spannweiten, hohen schmalen Säulen und filigranem Eisendekor wiesen einige der gewagtesten Strukturen auf. Aufgrund des mangelnden Vertrauens der Eisenbahngesellschaften in den ästhetischen Wert solcher unkonventionellen Konstruktionen blieben viele dieser Zweckbauten unsichtbar. Schalterhallen, Hotels und Fassaden im gotischen, Tudor- und ›Greek Revival‹-Stil verbargen die Eisengerippe von Paddington (1852), St. Pancras (1865) und Euston (1840). King's Cross (1850) ist eine Ausnahme.

Dieser von Lewis Cubitt errichtete Bahnhof ist ein einfacher Backsteinbau mit zwei den dahinterliegenden Wartungshallen vorgeblendeten Rundbögen. Einzige Konzession an den Zeitgeschmack ist ein italienisch anmutender Turm.

Glashäuser und dergleichen

Nach dem Vorbild des Kristallpalastes repräsentieren Ausstellungspavillons bis heute architektonische und technologische Errungenschaften eines Landes. Sie vermitteln eine Vorstellung von der Identität einer Nation und präsentieren zugleich die Fertigkeiten ihrer Konstrukteure und Ingenieure. Die Pariser Ausstellung von 1889 war eine Veranstaltung der Superlative. Die ›Galerie des Machines‹ mit ihren riesigen Portalen hatte mit 120 Metern die größte Spannweite. Das größte Gebäude war der Eiffelturm, der eine Achse mit dem Trocadéro bildet. Dennoch wurden Victor Contamin und Gustave Eiffel für ihre gewagten Stahlkonstruktionen auch heftig kritisiert.

1849 Der französische Ingenieur Joseph Monier (1823–1906) erfindet den Stahlbeton.

1883 Louis-Marie-Hilaire Bernigaud de Chardonnet perfektioniert die Herstellung von Kunstseide und nennt sie *rayon* (rayon de lumière: Lichtstrahl).

1905 Im selben Jahr, in dem Perret sein erstes wichtiges Gebäude errichtet (Wohnungen in der Nähe des Trocadéro, Paris), beginnt Gaudí in Barcelona mit den Casa-Mila-Apartmenthäusern (1905–10).

1850–1950

Harte Kerle

Betonbauten

Der Stahlbeton mit seinen einschneidenden Auswirkungen auf die Struktur, die Form und die Ästhetik des 20. Jh. hat seinen Ursprung im 19. Jh. Seine Entwicklung steht in engem Zusammenhang mit den Entwicklungen im Stahlbau.

Die konkave Fassade und die exponierte Rahmenstruktur von Perrets Wohnblock in der Rue Franklin, Paris (1903).

Im ausgehenden 18. Jh. wurde in Frankreich wieder Beton verwendet, und Mitte des 19. Jh. war seine Verwendung für Fundamente und Böden allgemein üblich. Beton, ein Gemisch aus Sand, Stein und Wasser, ist äußerst druckresistent und hält schweren vertikalen Belastungen stand. Experimente mit Gußeisen und später Stahlgestänge ergaben ein Baumaterial, das Spannungen widersteht und überdies feuerfest ist. Die Abwasserleitungen, von François Coignet (1814–1888) für Haussmanns Paris entworfen, zählen zu den ersten Versuchen, die Möglichkeiten der neuen Technologien zu ergründen.

Verbindung aufnehmen

Der endgültige Durchbruch gelang, als ein anderer Franzose, François Hennebique (1842–1921), das Problem der Verbindung von Säulen und Trägern löste. Er verwendete runde Bewehrungsstäbe, die gebogen und ineinandergesteckt werden konnten und so monolithische Gelenkstücke ergaben, die die Errichtung großformatiger Skelettbauten ermöglichten. Sein Name wurde rasch zum Synonym für Stahlbetonkonstruktionen in ganz Europa.

NAMEN AN DER WAND

Tony Garnier machte 1899 seinen Abschluß an der Ecole des Beaux-Arts und gewann im gleichen Jahr den Prix de Rome. Statt antike Bauwerke zu zeichnen, verbrachte Garnier seine Zeit in Rom mit der Arbeit an den Plänen für seine *Cité Industrielle*. Bei der Veröffentlichung 1917 war dies eines der ersten Beispiele einer weitgehend auf Betonbauweise beruhenden Stadtplanung mit vollständig ausgearbeiteter Zoneneinteilung. Die absolut geometrische Einfachheit vieler der vorgeschlagenen Gebäude weist auf die kleinen Schachteln und Kuben voraus, die die Architekten der Moderne so lieben sollten.

1925 Auf der einflußreichen Pariser Ausstellung der dekorativen Künste dominieren schlichte und einfache Dinge. Die Entwürfe sind entweder geometrisch oder floral (Art Nouveau).

1936 Beginn des Spanischen Bürgerkriegs.

1947 Fernsehapparate tauchen in wohlhabenderen Haushalten auf.

Schlank und rank

Felix Candela (geb. 1910), ein in Mexiko tätiger Betonkonstrukteur, ist eine Schlüsselfigur in der Entwicklung anmutiger Betonbauten, bei denen dünne, hyperbolische Paraboloidschalen verwendet wurden. Der erste war das Cosmic Ray Building (1954) mit einer nur 1,5 cm dicken Decke. Aus Schalungstafeln errichtet, sind die feinen geschwungenen Formen relativ einfach und wirtschaftlich in der Produktion. Candelas bekannteste Bauwerke, die er mit verschiedenen Architekten ausführte, sind das Olympiastadion (1968) und die Kirche Santa Maria Miraculosa (1955–57), beide in Mexico City.

August Perret (1874–1954) entwickelte eine der ersten vollständigen Betonkonstruktionen. Bei seinem Wohnblock in der Rue Franklin in Paris (1903) wird das Rahmengerüst durch das Einsetzen von Fenstern oder Keramikfliesen sichtbar gemacht. Die ungewöhnliche konkave Form der Fassade – eine pragmatische Entscheidung: um mehr Raum zu gewinnen, wurde der Hinterhof nach vorne verlegt – verstärkt den ›gotischen‹ Eindruck, den das hohe, prägnante Gebäude erweckt.

In den ersten Jahrzehnten des 20. Jh. waren Rahmenkonstruktionen aus Stahlbeton üblich. Später folgten formale Verfeinerungen der Oberflächen sowie andere Konstruktionsformen, etwa die hyperbolischen Paraboloidschalen der Flugzeughangars von Eugène Freyssinet (1879–1962) oder die dünn mit Beton verschalten Bauten von Pier Luigi Nervi (1891–1979). Für die Architekten der frühen Moderne war der wichtigste Vorteil der neuen Bauweise die Möglichkeit, durch freitragende Bodenplatten und den Verzicht auf Säulen völlig verglaste Fassaden zu realisieren.

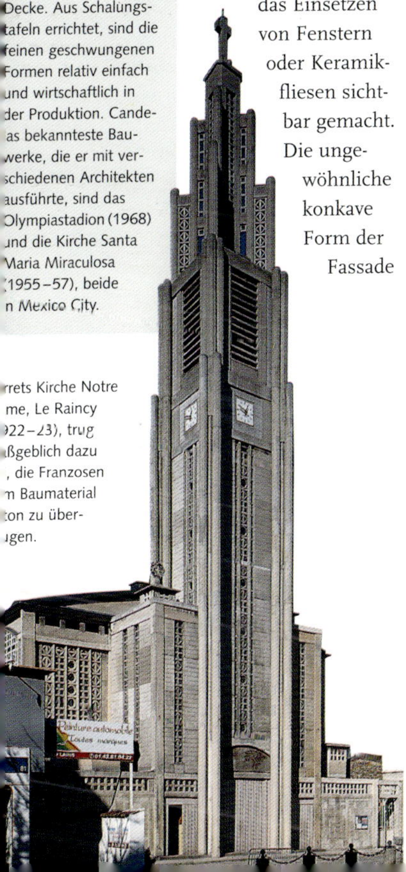

rrets Kirche Notre me, Le Raincy 922–23), trug ßgeblich dazu , die Franzosen n Baumaterial ton zu über- igen.

Megamodern

Zwischen 1860 und 1890 erlebte Großbritannien einschneidende technologische und gesellschaftliche Veränderungen. Parlamentarische Gesetze kündigten die Beseitigung der Armenviertel und Verbesserungen des öffentlichen Gesundheitswesens an, aber auch an den Gebäuden selbst wurden Veränderungen sichtbar: »Wir haben das Abwassersystem von Sir Joseph Bazalgette (1819–1891) seit Mitte der 1860er in ganz London. Diese Toilette wurde als Standardausstattung einige Zeit nach 1880 eingebaut. Licht? Jahrelang haben wir Gas benutzt ..., aber als wir 1881 das elektrische Licht im Savoy gesehen haben, war mir klar, daß wir das um jeden Preis haben müssen. Ich weiß, daß die Sassoons und die Rothschilds in Brighton eigene Generatoren in ihren Häusern haben. Und wenn wir im Club waren und ein bißchen angeheitert sind, glauben Sie etwa, dann klettern wir alle diese Treppen rauf? Tun wir nicht. Wir benutzen diese schönen amerikanischen Aufzüge, die seit den 1860ern in sind.«

1865 In Deutschland wird die erste sozialistische Partei der Welt – die Sozialdemokratische Arbeiterpartei – gegründet.

1876 Auf der Jahrhundertschau in Philadelphia werden Shakermöbel ausgestellt, deren Popularität ständig wächst.

1881 William Morris gründet seine Tapeten- und Teppichfabrik in Merton. Bevor Morris höchstselbst die Wolle färbt, wird sie im Fluß Wandle gewaschen.

1860–1900

Nützlich und schön

›Arts and Crafts‹

Das Red House, Bexley Heath, Kent, wurde 1859–60 von Philip Webb für William Morris in einem eklektizistischen regionalen Stil errichtet.

Die Arts-and-Crafts (Kunst-und-Kunsthandwerk)-Bewegung in England entstand gegen Ende des 19. Jh. und war eine Reaktion auf die beginnende Massenproduktion. Als Gegenbewegung strebte sie einerseits die generelle Wiederbelebung des Kunsthandwerks an und bemühte sich andererseits in der Architektur um die Förderung traditioneller Bautechniken unter Verwendung lokaler Materialien.

William Morris (1834–1896), die einflußreichste Figur der Bewegung, war Designer, Dozent, Sozialist und Förderer der Lokalarchitektur. Für ihn war Kunst ein Teil des Lebens und nicht die ausschließliche Domäne der reichen Oberschicht: »Kunst für ein paar Auserwählte will ich genausowenig wie Bildung für ein paar Auserwählte oder Freiheit für ein paar Auserwählte.« Frustriert von der Schwierigkeit, qualitativ hochwertige, schön gestaltete Produkte zu erwerben, gründete Morris 1861 seine eigene Firma. Seine Entwürfe für Tapeten und Stoffe sind oft vielfarbig und raffiniert gemustert, zeigen Vögel und Blumen. Seine Forderung nach besserem Design und Kunsthandwerk war von den Schriften Ruskins und dem Glauben beeinflußt, daß Qualität eine Folge des Verhältnisses zwischen dem Handwerker und seiner Arbeit sei, und daß Arbeit eine freudvolle Tätigkeit sein sollte. Er meinte, daß die Massenproduktion häßliche Dinge hervorbringe und die Trennung von Produzierendem und Produkt eine lohnabhängige Arbeiterklasse schaffe. In den 1890ern hatte sich die Bewegung auf ganz Europa und Amerika ausgedehnt.

Eines der einflußreichsten Gebäude war das Red House in Bexley Heath. Der von Philip Webb (1831–1915) für Morris entworfene Bau ist eine asymmetrische Komposition aus rotem Backstein mit Krüppelwalmdächern und rustikalen Schindeln und unterscheidet sich deutlich von den klassizistischen Stuckvillen jener Zeit. Morris selbst entwarf die seinen Prinzipien entsprechende Innenausstattung.

1884 In Chicago errichten Jenney und Mundie den ersten Wolkenkratzer, das Home Assurance Building.

1871–96 Im D'Oyly Carte Theatre, Sadlers Wells, London, werden mehrere Operetten des Librettisten Gilbert und des Komponisten Sullivan mit großem Erfolg aufgeführt.

1897 Marconi benutzt Drachen und Gasballons, um seine Empfänger in der Luft zu halten und die drahtlose Telegraphie vorzuführen.

NAMEN AN DER WAND

Sir Edward Burne-Jones (1833–1898) ist vor allem aufgrund seiner Verbindung zur präraffaelitischen Bruderschaft bekannt. Der Aufstieg vom Buchillustrator zum Baron war im Kreis seiner späteren Freunde keine Seltenheit. Und auch wenn er nicht zu den führenden Zeichnern seiner Zeit zählte, schuf er für die Firma Morris & Co., an der er selbst beteiligt war, bedeutende Bildteppiche. Ob man sie mag oder nicht – seine affektierten Botticelli-Variationen sind noch heute ein Begriff.

Holländische Gemütlichkeit

Richard Norman Shaw (1831–1912) repräsentiert die andere Richtung der englischen Landhausarchitektur dieser Zeit, auch wenn sein Frühwerk noch am neugotischen Stil orientiert ist. Leyswood, Sussex (1868), und Cragside, Northumberland (1870), sind in einem romantischen, ›altenglischen‹ Stil erbaut. Später verwendete Shaw für eine Reihe von Londoner Stadthäusern den ›Queen Anne‹-Stil: flache, rote Ziegel, versetzte Ecksteine und Walmdächer – eine Wiederbelebung der holländischen Architektur der Mitte des 17. Jh. Erst danach ging er zum Arts-and-Crafts-Stil über. Sein erstes öffentliches Gebäude war jenes von New Scotland Yard (1887–90), ein Backsteinbau mit Natursteindekor und markanten, an den Ecken vorkragenden Rundtürmen.

Erhalten – aber wie?

Bereits im letzten Jahrhundert tat man sich schwer mit dem Denkmalschutz. Vor allem die noch aus dem Mittelalter stammenden Häuser waren in einem bedenklichen Zustand und häufig so baufällig, daß die Viktorianer sie auf Teufel komm raus erhalten wollten. Sir George Gilbert Scott (1811–1878), Erbauer von Kirchen, Bahnhöfen, Verwaltungs- und Regierungsgebäuden, war einer der schlimmsten dieser wohlmeinenden Erhaltungssünder. Unter seinen Händen verloren alte Gebäude auch noch das letzte bißchen Originalität unter einer Fülle von viktorianischem Schnickschnack. So ist es nicht verwunderlich, daß Morris 1877 die ›Gesellschaft zur Erhaltung alter Gebäude‹ gründete, um diesem Treiben ein Ende zu setzen. Zweifelsohne war dies ein Schritt in die richtige Richtung und ganz im Sinne der Arts-and-Crafts-Bewegung.

Bedford Park, Chiswick, London, ein Pionierwerk des ›Queen Anne‹-Stils. An der Gestaltung dieser Vorstadt als eine Art ›ästhetisches Elysium‹ waren in den 1870er und 1880er Jahren mehrere namhafte Architekten beteiligt.

1886 Der Amerikaner Charles Hall (1863–1914) und der französische Metallurge Paul Heroult (1863–1914) perfektionieren die Aluminiumproduktion. Aluminium wird ein bezahlbarer Baustoff.

1888 George Eastman (1854–1932) erfindet die Kodakkamera.

1889 Trotz heftiger Proteste wird in Paris der Eiffelturm errichtet.

Spätes 19. Jahrhundert

Trautes Heim, Glück allein

Comeback der Häuslichkeit

Der deutsche Architekt und Architekturtheoretiker Hermann Muthesius bemerkte in seinem Buch ›Das englische Haus‹ (1904), es gebe nichts herausragenderes in der englischen Architektur als die Entwicklung des Wohnhauses. In England wie auf dem Kontinent erkannten die Architekten die Notwendigkeit eines individuellen, regionalen oder nationalen Stils als Alternative zur Mode des Historismus. Die regionale Tradition des Landhauses und die Arts-and-Crafts-Bewegung wiesen den Weg zu diesem Ziel.

NAMEN AN DER WAND

George Edmund Street (1824–1881). Alles ist seine Schuld. Wäre er nicht so erfolgreich gewesen und hätte er nicht 1852 ein Architekturbüro in Oxford eröffnet, so wären Morris und Webb sicher nicht bei ihm in die Lehre gegangen. Street selbst studierte bei Sir George Gilbert Scott und unternahm zahlreiche Reisen nach Spanien, Deutschland und Italien, so daß die von ihm gepflegte Spielart des neugotischen Stils kontinentale Züge aufweist. Nach vielen Aufträgen für Kirchenbauten wurde sein bedeutender Wettbewerbsentwurf für die Royal Courts of Justice von 1874–82 von seinem Sohn vollendet. Street war ein Meister stilistischer Anleihen, auch wenn diese häufig dem Mittelalter entstammten, und propagierte diesen ungezwungenen Umgang mit Stilen auch öffentlich.

Annesley Lodge, London (1896), mit seinen Strebepfeilern, weißen Rauhputzwänden und langgestrecktem roten Ziegeldach, ist typisch für Voyseys häuslichen Stil.

Der regionale Baustil hängt mit den physischen Gegebenheiten und den Gesellschaftsstrukturen des spätviktorianischen England zusammen. Beispielhaft zeigt dies das umfangreiche Werk von Charles Francis Annesley Voysey (1857–1941), ein großer Befürworter der von Arts and Crafts propagierten Häuslichkeit. Seine Landhäuser sind unverwechselbar: langgestreckt und niedrig, mit horizontalen Fenstern, steilen Giebeldächern und weiß gestrichenen, roh verputzten Wänden. Das Orchard, Chorley Wood (1899), ist ein typisches Beispiel hierfür. Voyseys Interieurs, weiße Täfelung, sanfte Farben, stellen heute den Inbegriff des ›Femininen‹ und Gemütlichen dar.

1900 Pierre Bonnard (1867–1947) und Edouard Vuillard (1868–1940) entdecken in ihrer Kunst die Freuden der Häuslichkeit.

1900–02 Wladimir Iljitsch Lenin lebt in München und redigiert zwei revolutionäre Zeitschriften.

1920 Beginn regelmäßiger Radiosendungen in den USA.

Die Botschaft verbreitet sich

William Richard Lethaby (1857–1931) schuf nur wenige, aber sehr bedeutende Gebäude. Die Kirche All Saints, Brockhampton (1900–02), ist eines der originellsten Bauwerke jener Zeit. Zu den anderen Bauten zählen Avon Tyrrell, Hampshire (1891), und Melsetter House, Orkney (1898). Lethaby war der Gründungsdirektor der Central School of Arts and Crafts, der ersten Schule mit Lehrwerkstätten für die einzelnen Handwerkszweige. Als Gelehrter und Lehrender war sein Einfluß groß. Seine *History of Architecture* (1898) bestätigt das Arts and Crafts-Prinzip, daß »Design nicht Sache der Wissenschaft oder der Kenntnis historischer Stile sein sollte, sondern eine Antwort auf unmittelbare Bedürfnisse«.

Sir Edward Lutyens

Unter dem Einfluß von Shaw und Webb gestaltete **Sir Edward Lutyens** (1869–1944) einige der bekanntesten englischen Landhäuser in einem der Arts-and-Crafts-Bewegung verwandten Stil, etwa Deanery Garde in Sonning, Berkshire (1899–1902), und Munstead Wood in Godalming (1901), Surrey, für Gertrude Jekyll. Später entwarf er Geschäftsgebäude in London, darunter den Hauptsitz der Midland Bank (1924–39) und das Britannic House (1920–24). Auch an der Gestaltung Neu Delhis war Luytens maßgeblich beteiligt. Ein weiterer Vertreter der Arts-and-Crafts-Bewegung war **Hugh Mackay Baillie Scott** (1865–1945), der sich für sozialistisches Gedankengut zu alternativen Wohnformen interessierte. In einer Zeit, in der Frauen größere Unabhängigkeit gewannen, zählten hierzu kollektive Wohnstätten und Alternativen zum Einfamilienhaus. Im Londoner Vorort Hampstead Garden entwarf er Waterlow Court, einen Wohnblock für alleinstehende Frauen mit Gemeinschaftsräumen und um einen quadratischen, der körperlichen Ertüchtigung dienenden Innenhof angeordneten Einzelzimmern.

Keine Bilder, bitte!

William R. Lethaby (1857–1931) gründete 1884 die Art Worker's Guild. Sie sollte all jene Kunsthandwerker zusammenführen, die keiner bestimmten Institution angehörten. Die Gründungsmitglieder waren eine Gruppe phantasievoller Köpfe, die sich ›The Fifteen‹ nannten. Die Mitglieder der ›AWG‹ betrachteten sich als Gralshüter des guten Geschmacks, wollten aber merkwürdigerweise nichts über ihre »großartigen und fortschrittlichen Bemühungen zugunsten der Gesellschaft« verlauten lassen. Daher wurde die Arts and Crafts Exhibition Society gegründet, die von der AWG abgelehnte Ausstellungen zeigte. Beide Organisationen kollidierten schon bald mit einem neuen Trend – dem Jugendstil.

All Saints, Lethabys Kirche in Brockhampton, ist ein Musterbeispiel für den Arts-and-Crafts-Stil.

1895 Die Zeitschrift *The Studio* schreibt einen Design-Wettbewerb für den ›Idealen Kohlenkasten‹ aus; einer der Teilnehmer ist M. H. Baillie Scott.

1895 In Paris eröffnet ein Geschäft namens ›Art Nouveau‹, das nur moderne Gegenstände, keine Stilimitationen anbietet.

1890er Ragtime ist der letzte Schrei in New York. Scott Joplins synkopierte Rhythmen erklingen in der ganzen Stadt.

1890–1905

Beschwingt

Jugendstil

Die Ursprünge des Jugendstils liegen im zweidimensionalen Graphik- und Textildesign der 1880er Jahre. Während der 1890er Jahre breitete sich diese Mode auch im Bereich des Möbeldesigns und der Architektur aus. Wie die Arts-and-Crafts-Bewegung lehnte der Jugendstil den Historismus ab und propagierte statt dessen die Treue zum Material und die Bedeutung des Kunsthandwerks. Doch während Arts and Crafts sich am Mittelalter orientierte, blickte der Jugendstil nach vorn – auf das Potential der neuen Technologien und den Reichtum, der durch die neuen Produktionstechniken erzeugt wurde.

Der Eingang zur Metrostation Porte Dauphine in Paris (um 1900) ist typisch für die atemberaubenden Art-Nouveau-Entwürfe von Hector Guimard.

Kleine Stilkunde

- Dekorative Oberflächen – Keramikfliesen, häufig sehr farbenprächtig, mit vegetabilen Formen und langgezogenen Schwüngen
- Die Formen sind meist asymmetisch
- Neoromanische oder sehr flache Bögen

Der Jugendstil, der auf organischen, von der Natur inspirierten Formen aufbaut, wurde mit Jugend, Freiheit und Reinheit assoziiert. Unter verschiedenen Namen – der französische Art Nouveau entspricht etwa der italienische Stile Liberte – verbreitete er sich in ganz Europa, blieb aber sehr eng mit England und Frankreich verbunden.

Die Nähe des Jugendstils zur angewandten Kunst und der Dekadenz des fin de siècle sowie seine offensichtliche Intention, glamouröse Effekte hervorzurufen, hat dazu geführt, daß er von Theoretikern und Historikern als bloße Dekoration abgetan wurde. Tatsächlich paßten die langgezogenen, weichen Kurven und die schmalen Linien des Jugendstils ideal zu den neuen Metallverarbeitungstechniken und konnten das strukturelle und dekorative Potential von Schmiedeeisen voll ausschöpfen.

1895–1900 Victor Horta, ein belgischer Baron, baut das Hôtel Solvay und das Van Eetvelde-Haus in Brüssel, die von gekurvten Linien und vegetabilen Formen überquellen.

1900 Max Planck vertritt die Theorie, daß Energie aus unteilbaren Teilchen besteht, und wird damit zum Mitbegründer der modernen Physik.

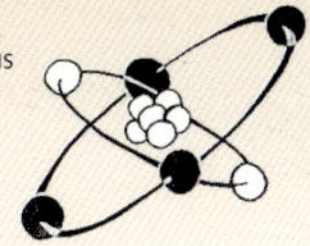

1903 Gründung der Wiener Werkstätte für Anhänger der Prinzipien von William Morris.

NAMEN AN DER WAND

Arthur Heygale Mackmurdo (1851–1942) werden die ersten Jugendstilranken zugeschrieben, die die Umschläge seines Buches *Wren's City Churches* (1884) und *Century Guild* (1882) zieren. **Ödön Lechner** (1845–1914) erbaute die Budapester Postsparkasse mit holländischen Schmuckgiebeln und regionalen Motiven (1899–1902). **Henri van de Velde** (1863–1957) wurde unter dem Einfluß von Ruskin und Morris zu einem erfolgreichen Designer und entwarf 1892 sein erstes Haus. Später leitete er die Kunstgewerbeschule in Weimar.

Vive la France

Hector Guimard (1867–1942) baute sein Werk auf drei dem ›Buch der Natur‹ entnommenen Prinzipien auf – Logik, Harmonie und Gefühl – und kritisierte all diejenigen, die Jugendstilmotive nur für ornamentale Zwecke nutzten. Seine Pariser Metrostationen (1899–1904) sind hierfür Musterbeispiele: Organische Formen, strukturelle Ehrlichkeit, die dekorative Seite – Gefühlsausdruck – ist fester Bestandteil der Komposition.

Ausgeprägter Bogenverlauf

Das Art-Nouveau-Interieur des Privathauses von Baron Horta in Brüssel ist eines der ersten seiner Art. Später wurde Horta Klassizist.

Baron Victor Hortas (1861–1947) Maison du Peuple, Brüssel (1896–99), ist sowohl hinsichtlich seiner Komposition wie als Repräsentant einer neuen Bauweise bedeutsam. Es war eines von mehreren ›Gebäuden des Volkes‹, die von den um 1894 gegründeten Arbeiterverbänden genutzt wurden, nachdem die neue sozialistische Partei erstmals im Parlament vertreten war. Der Grundriß entspricht den Formen des Geländes, und in einem raffinierten Trakt mit Doppeltreppe befinden sich alle Nebenstellen. Kleinere Räume in den unteren Etagen stützen die große, lichte Versammlungshalle, die sich über drei Geschosse erstreckt. Drinnen neigt sich der Boden, wiegt die Decke, und ausladende Balkons beugen sich von schiefen Wänden herab.

Fin de Siècle

bedeutet wörtlich ›am Ende des Jahrhunderts‹. Gemeint ist das 19. Jh., doch da dieser historische Terminus so vielfältige Assoziationen weckt, ist eine präzise Definition so gut wie unmöglich. Die Gemälde des Norwegers Edvard Munch (1863–1944) oder die des Österreichers Gustav Klimt (1862–1918) und des deutschen Expressionismus zählen ebenso dazu wie die Schlagworte Lebensangst, Androgynie und Anarchie oder die Namen Richard Wagner (1813–1883) und Oscar Wilde (1854–1900). Begonnen hat alles im späten 19. Jh., und zu Ende ging es am 4. August 1914. Mit dem Ausbruch des Ersten Weltkriegs war der Traum von der ›guten alten Zeit‹ ausgeträumt.

1869 Eröffnung des von Ferdinand de Lesseps konstruierten Suezkanals. Die Reise von England nach Indien dauert nur noch halb so lang wie bisher.

1873 In San Francisco werden die ›Cable Cars‹ in Betrieb genommen.

1884 Kokain wird als Narkotikum für eine Augenoperation benutzt; die Suchtgefahr ist noch unbekannt.

1875–1910

Der letzte der großen Steintürme

Amerika

Römischer Einfluß – das Pantheon.

Von Henry Hobson Richardson (1838–1886) heißt es, er habe der anhaltenden, unkritischen Reproduktion verschiedener europäischer Stile ein Ende bereitet und einen originär amerikanischen Stil begründet, der schließlich zur Entwicklung des Wolkenkratzers führte. Seine Gebäude sind gewaltig und massiv, haben einfache, robuste Formen, die das Gefühl von Widerstandsfähigkeit und Zuverlässigkeit vermitteln. Einige Kritiker bescheinigten seinen Werken ein ›maskulines Erscheinungsbild‹.

Richardson studierte in Paris an der Ecole des Beaux-Arts (1859–62) und arbeitete dann im Atelier von Henri Labrouste. Er baute Privathäuser, die sowohl hinsichtlich ihrer originellen Materialverwendung als auch durch ihre unregelmäßige Formgebung wegweisend waren. Wirklich einflußreich sind seine öffentlichen Zweckbauten – Bibliotheken, Bahnhöfe, Lagerhäuser usw.

Das Marshall Field Wholesale Building in Chicago (1885) ist das wichtigste dieser Gebäude. Die sieben Stockwerke, ohne Stahlrahmen, bestehen aus massivem, reich strukturiertem und belastbarem Mauerwerk mit weiten bogenförmigen Öffnungen. Auffällig ist das Fehlen jeglicher äußeren Dekorelemente und eine kompromißlose Klarheit der Linienführung, die für den neuen rationalistischen Ansatz kennzeichnend ist.

›American Revival‹

Die Originalität und Rationalität von Richardsons Arbeiten hinterließ klare Spuren in der Entwicklung der Arbeiten der Chicago School und des aufkeimenden Modernismus. Doch zugleich dienten sie dem ganz anders gearteten Ansatz der Wiederbelebung des Stils der amerikanischen Kolonialarchitektur, für die Namen wie McKim (1847–1909), William Mead (1846–1928) und Stanford White (1853–1906) stehen. Ihre Werke beruhen auf den symmetrischen ›Beaux Arts‹-Grundrissen, sind aber wesentlich

Gelehrtenstreit

Henri Labrouste (1801–1875) hatte seinen eigenen Kopf. Als Student rief er den Unwillen seiner Dozenten hervor, indem er antike Bauwerke rekonstruierte und es dabei wagte, anzudeuten, daß diese glänzend weißen Steinbauten ursprünglich mit grellen Farben bemalt waren und nicht zu religiösen, sondern zu gemeineren ja vulgären Zwecken genutzt wurden. Seine Bibliothek St-Geneviève war eines der ersten öffentlichen Gebäude mit Gußeisenkonstruktion und schockierte die Zeitgenossen, denen das Material mißfiel.

1895 In Paris zeigen die Brüder Lumière einen packenden Film mit Arbeitern, die aus einer Fabrik herauskommen ... Geburtsstunde des Kinos.

1896 Adolf Loos läßt sich in Wien nieder und trifft auf die Sezessionisten. Man hat sich aber nicht viel zu sagen.

1898 Die Pariser Metro nimmt ihren Betrieb auf.

abenteuerlustiger und berufen sich, je nach dem Zweck des betreffenden Gebäudes, auf eine ganze Anzahl europäischer Vorbilder – maurische Türme, das Pantheon, römische Bäder. Es entstanden eine Vielzahl wichtiger öffentlicher Gebäude, darunter die Boston Public Library mit einer Fassade, die fast exakt der von Labroustes Bibliothek St-Geneviève in Paris entspricht. Das Meisterwerk dieser Richtung, die Pennsylvania Railway Station (1904, 1963 zerstört) in New York, war ein beeindruckendes Monument der Erfolge der Bahngesellschaft und ein sinnvoll konzipierter Zweckbau. In ästhetischer Hinsicht verbindet es die Begeisterung für die Zukunft – das innovative Stahl- und Glasdach über der Bahnhofshalle – und die Sicherheit der Vergangenheit – das massive, von den Caracallathermen in Rom inspirierte Mauerwerk.

NAMEN AN DER WAND

Architektonische Leidenschaften: **H. H. Richardson** beeinflußte sowohl **Stanford White** aus der Gemeinschaft von McKim, Mead und White wie **John Wellborn Root** von Burnham und Root. Richardson und White werden in Biographien gerne als Bonvivants bezeichnet. Von White heißt es, er habe auch in anderer Hinsicht über die Strange geschlagen. Daran muß etwas Wahres sein, denn während sein Team Wolkenkratzer baute und andere Architekten Wohnhäuser und öffentliche Gebäude entwarfen, wurde White 1906 bei einer Theaterprobe erschossen.

Die Boston Public Library von McKim, Mead und White (1887–93) ist ein verhaltener akademischer Entwurf.

1866 Alfred Nobel erfindet das Dynamit, und die schlagartige Zerstörung unerwünschter Gebäude kann beginnen.

1870 Chicago mit einer Bevölkerung von 300 000 Menschen ist inzwischen mit Abstand die größte Stadt im Westen der USA.

1884 Lewis Edson Waterman läßt sich den gleichnamigen Füller patentieren.

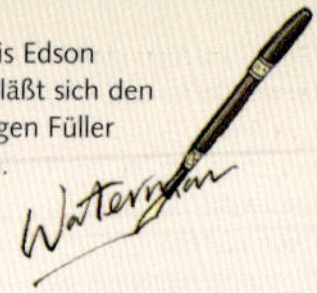

1875–1910

Chicago, Chicago

Himmelwärts

Schon bald nach der Zerstörung der Stadt durch den Großen Brand im Jahr 1871 und der nachfolgenden Wirtschaftskrise befand sich Chicago wieder auf Expansionskurs. Der Immobilienmarkt boomte, und es wurde schwierig, Platz für neue Gebäude zu finden. Die Preise für Bauland stiegen ebenso wie der Druck, den Forderungen der Geschäftswelt nach immer mehr Raum nachzukommen. Hohe Gebäude waren das unausweichliche Ergebnis dieser Entwicklung.

Gemeinsam ist diesen Geschäftsgebäuden die Verwendung einer neuen und radikalen Erfindung – einer Stahlskelettstruktur – sowie deren Präsentation an der Außenseite des Gebäudes. Diese ersten Wolkenkratzer, wie sie schon bald genannt wurden, waren zunächst ganze 15 Stockwerke hoch. Es sollte weitere 30 Jahre dauern, bis der eigentliche Konkurrenzkampf im Hochbau begann und weitere Hochhäuser errichtet wurden.

Louis Sullivan (1856–1924), dem der Satz »form follows function« zugeschrieben wird, ist der wichtigste Architekt dieser Zeit. Er war von der Notwendigkeit eines logischen Ansatzes in der Kunst überzeugt. Das Wainwright Building in St. Louis (1890) und das Guaranty Building in Buffalo (1894) sind frühe Beispiele seiner Arbeit. Bei beiden Gebäuden wird der Rhythmus der Rahmenkonstruktion und die Anordnung der zwischen den Streben befindlichen Räume auf der Außenseite erkennbar, obwohl die Stahlstruktur selbst

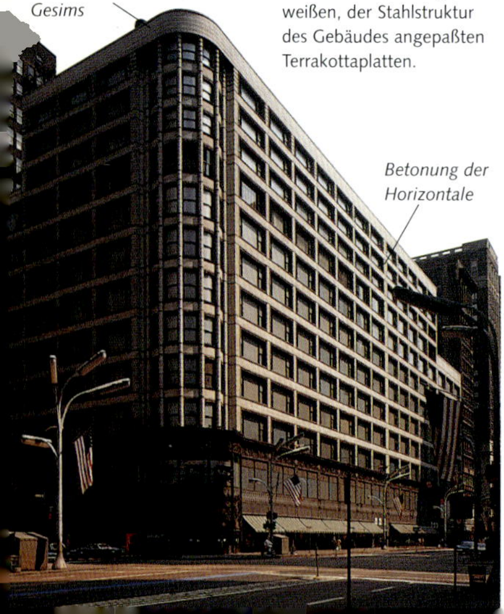

Louis Sullivans Carson, Pirie & Scott Store, Chicago, mit weißen, der Stahlstruktur des Gebäudes angepaßten Terrakottaplatten.

Aufwärts!

Eisen und Stahlrahmen waren nützliche Errungenschaften, die schon während des Eisenbahnbooms in Großbritannien Anwendung gefunden hatten und dann in Frankreich und den USA imitiert und verbessert wurden, freilich nicht ohne den Widerstand der puristischen Steinliebhaber. Das Haughwout Building in New York, 1857 fertiggestellt, war das erste von einer Eisenrahmenkonstruktion gestützte vielstöckige Gebäude, das mit mehreren von Elisha Graves Otis (1811–1861) entwickelten Personenaufzügen ausgestattet war. Otis' absolut zuverlässige Erfindung – vertikale sprungfederbetriebene Sperrhebel – mußte sich schon bald einer harten ausländischen Konkurrenz stellen.

1890 Am Wounded Knee werden 350 Sioux abgeschlachtet. Die nordamerikanischen Indianer sind damit fast vollständig ausgerottet.

1891 Veröffentlichung von *Tess of the D'Urbervilles* von Thomas Hardy (1840–1928) und *Das Bildnis des Dorian Gray* von Oscar Wilde (1854–1900).

1897 John Sousa komponiert den Klassiker ›Stars and Stripes Forever‹ für das Blasorchester der U.S.-Marine.

NAMEN AN DER WAND

Im 6. Stock lassen Luftverschmutzung und Wind das Öffnen eines Fensters mitunter nicht ratsam erscheinen. **Willis Haviland Carrier**, der für die Kontrolle der Temperatur und Luftfeuchtigkeit in einer Brooklyner Druckerei verantwortlich war, fand eine Lösung für dieses Problem. Sein Konkurrent **Stuart W. Cramer** meldete 1906 ein Patent an und prägte den Begriff ›air conditioning‹. Die Carrier Corporation bezeichnete ihr System noch bis 1933 als »von Menschen gemachtes Wetter«. Es ermöglichte später die Entwicklung von Großraumbüros.

nicht sichtbar ist. Die Fassaden sind traditionell: eine klassische Rustika-Basis, ein Dachgeschoß mit Pflanzen und Mauerwerk, das mit einem Zierfries, Ochsenaugen und einem Kranzgesims versehen ist.

Das Reliance Building (1895) von Daniel Hudson Burnham (1846–1912) und John Root (1850–1891) ist das erste richtiggehende Stahlrahmenhochhaus, das sich nicht mehr hinter einer Mauerfassade versteckt. Basis und Dachboden sind kaum mehr zu sehen, da der Mittelteil mit den zellenartig aneinandergereihten Büros, der hohe vertikale Rahmen und die horizontalen Bodenplatten voll zur Geltung kommen. Das augereifteste Haus im Stil dieser neuen strengen Technologie ist jedoch Sullivans Carson, Pirie & Scott Store (1899–1904), das sich völlig von der Tradition löst. Sullivans Verwendung von Jugendstildekor für die Gebäudeoberflächen wird mitunter als Widerspruch zu diesem rationalen Ansatz empfunden, doch die Art-Nouveau-Ornamentik mit ihrer formalen Abstraktion stilisierter Naturformen ist durchaus der räumlichen Abstraktion von Sullivans Fassaden vergleichbar.

Burnham und Roots' bekanntestes Gebäude und vielleicht der populärste Wolkenkratzer überhaupt ist das Flatiron (›Bügeleisen‹) Building in New York City, das mit etwa 180 m zur Zeit seiner Entstehung das höchste Haus der Welt war. An exponierter Stelle zwischen Fifth Avenue und Broadway gelegen, weist es alle Charakteristika der Chicagoer Schule auf. Es hat 21 Stockwerke, wurde mit Hilfe des neuesten Stahlrahmensystem errichtet und ist mit einer eher konservativen Fassade aus Kalkstein und Terrakotta verkleidet.

Die Chicago School in New York: Das Flatiron Building (1902) von Burnham und Root.

1883 Robert Louis Stevenson (1850–1894) veröffentlicht *Die Schatzinsel*, den Abenteuerroman schlechthin.

1888 James Keir Hardie (1856–1915) gründet die schottische Labour-Partei, erleidet aber noch im selben Jahr bei den Wahlen eine Niederlage.

1901 Hubert Cecil Booth (1871–1955) erfindet den Staubsauger.

1890–1920

Jugendstil in Kaledonien

Mackintosh

1907–09 errichtete Mackintosh den Westflügel der School of Art in Glasgow, in dem sich die Bibliothek befindet.

Massiv, klar, ernst und streng; mit Erkerfenstern, gewaltigen Schornsteinen und abgeschrägten Mauern weisen die Arbeiten von Charles Rennie Mackintosh (1868–1928) ähnliche Merkmale auf wie die der Sezessionisten in Österreich, wo sein Werk 1900 zum ersten Mal ausgestellt wurde. Durch die Kunstzeitschrift ›The Studio‹ (1893) wurde Mackintosh zur Inspirationsquelle für Josef Hoffmann und für viele andere Vertreter des europäischen Jugendstils.

Die Merkmale des aufkeimenden ›modernen‹ europäischen Stils sind zugleich typisch für die schottischen Turmhäuser, die das Thema eines Vortrags von Mackintosh über schottische Feudalarchitektur – eine Stilrichtung, die er häufig zeichnete – vor der Glasgow Architectural Association waren. Dabei handelt es sich um eine rationale Architektur mit schweren, von kleinen Fenstern durchsetzten Steinmauern, die sowohl tragende als auch isolierende Funktion erfüllen, sowie steilen Giebeldächern und überstehenden Dachvorsprüngen. Mackintoshs Formen, die dramatische Klimaverhältnisse und wilde unverfälschte Landschaften evozieren, wurden mit seinen zierlichen Zeichnungen von den Vertretern des Jugendstils als Teil ihres organischen und naturalistischen Ansatzes empfunden und eher mit Arts and Crafts in Verbindung gebracht als mit Modernismus oder Industriearchitektur.

Gute Zeiten, schlechte Zeiten

Mackintosh war auf dem Kontinent bekannter als in seiner Heimat. In Großbritannien fand seine Arbeit keinen großen Anklang, doch die österreichischen Sezessionisten waren von seinem Stil begeistert. Obwohl er Teilhaber der Firma Honeyman und Keppie (1904) wurde und immer wieder großartige Werke schuf, konnte Mackintosh offenbar nicht mit Menschen umgehen. 1913 gab er die Architektur auf und widmete sich von nun an fast ausschließlich der Malerei sowie dem Stoff- und Möbeldesign. Er lebte an verschiedenen Orten in England und auf dem Kontinent.

Fein und rein Mackintosh-Möbel

Mackintoshs Möbel waren in allen, selbst in ihren ›weißesten‹ Phasen sehr zierlich. Während bei seinen frühen Arbeiten der berühmte rein weiße Untergrund mit Ornamenten versehen war, wurde sein Stil im Lauf der Zeit weniger verspielt. Man assoziiert das Konzept des ›Purismus‹ zwar eher mit späteren Phasen in Kunst und Design, doch Mackintosh ging bereits recht weit in dieser Richtung, vor allem aufgrund seines Verständnisses der Proportionen: geometrisch wie seine berühmte Glasgow School of Art; überlängt und ausschließlich aus Holz; und, bei einigen Auftragsarbeiten, »anti-pretty«, wie es einer seiner Kritiker formulierte. Das hätte vielversprechend sein können, hätte Mackintosh nicht das Handtuch geworfen.

1904 Der schottische Dramatiker James Matthew Barrie (1860–1937) verfaßt *Peter Pan*, die Geschichte eines Jungen, der nicht erwachsen werden will.

1907 William Thomson, der erste Baron Kelvin, stirbt. Der brillante Mathematiker und Physiker ist der Entdecker des absoluten Temperatur-Nullpunkts. Nach ihm wurde eine Temperaturskala benannt.

1915 John Buchan, der erste Baron Tweedsmuir (1875–1940), verfaßt den in Schottland spielenden Spionagethriller *Die 39 Stufen*.

Ich gehöre nach Glasgow

Mackintosh entwarf das Innere vieler Glasgower ›Tea rooms‹, der modischen hellen Alternative zu den düsteren, verrauchten Pubs. Der Tearoom in der Buchanan Street (1897) war mit übrelängten, an die Gemälde Klimts erinnernden Figuren verziert.

Mackintoshs Werk verbindet rationalistische Konstruktionsweise mit individuellem künstlerischen Ausdruck. Erstmals steht der Raum im Vordergrund. Hill House (1903) in Helensburgh veranschaulicht die Bedeutung des Interieurs. Es scheint, als seien die Räume von innen heraus geformt: Große Sorgfalt wird auf das Verhältnis zwischen den Zimmern und den Ausblicken auf die Landschaft verwendet. Nicht die Form des Gebäudes bestimmt das Innere (Neo-Klassizismus), sondern das Äußere resultiert aus der Gestaltung des Innenraums (Moderne).

Mackintosh erhielt 1896 den Auftrag für sein bekanntestes und bestes Werk, die Glasgow School of Art. Bemerkenswert sind vor allem die komplexen Beziehungen zwischen dem Innen- und dem dezent asymmetrischen Außenraum, die Lichtführung sowie die Interaktion des Gebäudes mit seiner Umgebung.

Die Glas- und Metallarbeiten in den Willow Tea Rooms in der Sauchiehall Street (1904) sind typisch für Mackintoshs elegante Interieurs in Glasgow.

NAMEN AN DER WAND

Francis Newberry, der Direktor der Glasgow School of Art, brachte **Mackintosh**, **Herbert McNair**, **Frances** und **Margaret MacDonald** zusammen, da er Ähnlichkeiten in ihren Arbeiten feststellte. Unter dem Namen ›The Four‹ stellten sie 1896 bei der Ausstellung der Arts and Crafts Exhibition Society aus. Bei dieser Gelegenheit, so scheint es, färbte der Ruf der Merkwürdigkeit des einflußreichen Kreises um **Beardsley** und **Wilde** auf sie ab und trug ihnen den Namen ›The Spooks‹ (›Die Gespenster‹) ein. Ein Journalist mußte in einem Artikel von 1897 seinen Lesern versichern, daß die MacDonald-Schwestern »fröhliche, gesunde Mädchen« seien und keinerlei Zeichen morbider Besessenheit an den Tag legten.

1895 Die erste Röntgenaufnahme zeigt Bertha Röntgens Hand. Ihr Mann Wilhelm hat die elektromagnetische Strahlung entdeckt.

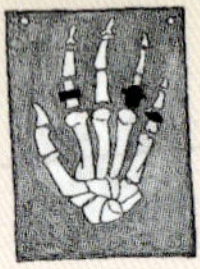

1898 Der Finne Jean Sibelius komponiert die erste seiner neun Symphonien.

1899 Ernst Ludwig, Großherzog von Hessen, bewundert Olbrichs Sezessionsgebäude so sehr, daß er ihn einlädt, in Darmstadt eine Künstlerkolonie zu gründen.

1840–1920

Tabula rasa

Die Sezession

Joseph Maria Olbrich entwarf das revolutionäre Wiener Sezessions-Gebäude (1897–98) als Ausstellungsraum für die Arbeiten der progressiven zeitgenössischen Künstler.

Etwas Unpraktisches kann nicht schön sein, diesen kompromißlosen Standpunkt vertrat Österreichs progressivster Architekt, Otto Wagner (1841–1918), am Ende des 19. Jh. In seiner Antrittsvorlesung an der Kaiserlichen Akademie der Künste im Jahr 1894, die später unter dem Titel ›Moderne Architektur‹ veröffentlicht wurde, forderte er außerdem ein Ende des ständigen Variierens von Baustilen des 18. und 19. Jh. und forderte die Entwicklung einer neuen Architektur durch eine neue Generation von Architekten. Sie sollten der Vergangenheit den Rücken zuwenden, dem Historismus entsagen und sich dem modernen Leben und den neuen Bedürfnissen widmen.

Anfangs war Wagner noch deutlich dem Neoklassizismus verpflichtet, wandte sich jedoch dann dem Jugendstil zu. In diese Zeit fallen seine Entwürfe für die Haltestellen der Wiener Stadtbahn (beg. 1894), die Wagner beachtlichen Erfolg beschieden und ihm den Auftrag zur Neuplanung der Wiener Innenstadt sowie einen Lehrauftrag an der Wiener Akademie eintrugen. In seinen späteren Arbeiten läßt sich eine klare Umsetzung seiner Prinzipien beobachten. Statt der symmetrischen Kompositionen des Neoklassizismus mit seinem überquellenden Fassadenschmuck werden bei ihm die unterschiedlichen Gebäudestrukturen und Baumaterialien sichtbar. Der Betrachter soll diese als Teil der sinnlichen Erfahrung eines Gebäudes erleben.

Otto Wagners wichtigstes Gebäude ist die Wiener Postsparkasse (1906). Die äußere Verkleidung besteht aus Marmorplatten, die deutlich

Kleine Stilkunde

Die Architekten der Wiener Sezession versuchten einen Stil zu entwickeln, der sich an keinem historischen Vorbild orientierte. Gebäude hatten praktisch zu sein, was die Baumeister dazu inspirierte, unverwechselbare, mit lasierten Kacheln, Keramik oder Steinplatten verkleidete Fassaden zu gestalten, die leicht zu reinigen waren und sich nicht wie Stein oder Ziegel durch den Ruß der Großstadt verfärbten.

1899 Die Bayer AG bringt Aspirin auf den Markt und lindert damit nicht zuletzt die durch manches Bauprojekt hervorgerufenen Kopfschmerzen.

1900 Freuds *Traumdeutung*, die auf seinen Erfahrungen als Kliniker beruht, erscheint in Wien.

1917 Oktoberrevolution in Rußland, Eintritt der USA in den Ersten Weltkrieg.

›The Studio‹

Dieses Kunstmagazin übte großen Einfluß auf die gestalterische Praxis jener Zeit aus. So lenkte es die Aufmerksamkeit der österreichischen Architekten auf die Arbeit von Mackintosh. M. H. Baillie Scott lernte durch die Abbildungen von Burne-Jones' Bildteppichen mittelalterliche Interieurs kennen, und der Großherzog von Hessen beauftragte Baillie Scott nach der Lektüre des Magazins mit der Arbeit an seinem Schloß in Darmstadt.

sichtbar durch Aluminiumbolzen miteinander verbunden sind. Die Haupthalle im Inneren ist mit einem gläsernen Tonnengewölbe bedeckt. Der schlichte, aber sehr effiziente Entwurf vermittelt den Eindruck unangestrengter Eleganz.

Zu Wagners bekanntesten Schülern zählen Joseph Maria Olbrich (1867 – 1908) und Josef Hoffmann (1870 – 1956). Ihre Werke sind durch die häufige Verwendung kubischer Formen und eine Sensibilität dem Material gegenüber charakterisiert, auch wenn eine Affinität zum französischen und belgischen Art Nouveau spürbar bleibt. Das Sezessionsgebäude von Olbrich begründet seinen Ruf und demonstriert den neuen Ansatz. Die Oberflächen des quadratischen Baus sind glatt und schlicht, das Dach bekrönt eine halbrunde, filigrane Metallkugel; eine Kombination aus rationalistischer Konstruktion und stilisiertem, organischem Dekor.

NAMEN AN DER WAND

Wagner stand mit seiner Forderung einer Abkehr vom rein Dekorativen und einer Hinwendung zur neuen rationalistischen Architektur nicht allein. **Henri van de Velde** (1863 – 1957) leitete in Belgien eine Kampagne, um die formale Sprache der Architektur zu reinigen. Diese Forderung verbreitete er vor allem in seinen Büchern *Déblaiement d'Art* (1894) und *Warum sollten Künstler, die Paläste aus Stein errichten, höher geschätzt werden, als solche, die sie aus Metall erbauen?* (1901). Und in den USA schrieb **Louis Sullivan** in *Ornament in der Architektur* (1892). »Es wäre ästhetisch gesehen zu unserem Besten, wenn wir für einige Jahre vollständig auf Ornamentik verzichten würden.«

Die Marmorplatten an der Fassade von Otto Wagners Kirche am Steinhof (1904–07), sind deutlich durch Aluminiumbolzen miteinander verbunden.

1879 Edison perfektioniert die elektrische Glühbirne, und 3 000 Menschen versammeln sich an Silvester zur Vorführung der neuen Straßenbeleuchtung.

1905–07 In Chicago konstruiert Frank Lloyd Wright das erste öffentliche Gebäude aus Stahlbeton, den Unity Temple in Oak Park.

1910 Der Franzose Georges Claude entwickelt das Neonlicht. Neonwerbung wird fester Bestandteil städtischer Gebäude.

1900 – 1940

Frank Lloyd Wright

Ein amerikanisches Genie

Das Guggenheim Museum in New York (1946–59) ist für seine spiralförmige Rampe berühmt.

Die Arts-and-Crafts-Bewegung hatte um 1900 in England an Bedeutung verloren, blieb aber in Deutschland und in den USA für weitere 20 Jahre höchst einflußreich. Frank Lloyd Wright (1867–1959), einer der berühmtesten Architekten Amerikas, war ein Gründungsmitglied der Chicago Arts and Crafts Society, die 1897 ins Leben gerufen wurde. Er arbeitete zunächst für Louis Sullivan, um sich dann selbständig zu machen. Wright, ein untypischer ›American Hero‹, war schwierig im Umgang mit Kunden, Kollegen und Assistenten und bekannt für seine Arroganz.

Die frühen Gebäude Wrights waren große Vorortbauten. Während europäische Architekten mit einer Minimierung des Wohnraums und billigen Unterkünften für Arbeiter experimentierten, waren die Häuser Wrights luxuriös. Seine offenen ›Prairie Style‹-Bauten haben eine klar horizontale Ausrichtung, sind langgestreckt und niedrig sowie durch große Kamine und flache Giebeldächer mit überstehenden Vorsprüngen gekennzeichnet. Das letzte dieser Häuser ist das Robie House (1908) in Chicago.

Falling Water, Pennsylvania, ist an einen Waldhang über einem Fluß gebaut.

1914–18 Der Erste Weltkrieg verwüstet weite Teile Frankreichs, Belgiens und Nordwesteuropas. Die Zahl der Toten ist immens.

1943 Albert Hoffman entdeckt das Rauschgift LSD.

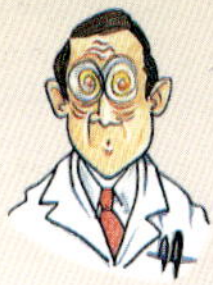

1957 Erster ›bemannter‹ Raumflug. Der russische Hund Laika fliegt mit Sputnik II ins All.

Die internationale Szene

Für europäische Architekten, vor allem für Niederländer wie Hendrik Berlage (1856–1934), waren Wrights frühe Werke im Arts-and-Crafts-Stil von Interesse. In den dreißiger Jahren wurde Wrights Werk dann hinsichtlich der formalen Innovationen und der neuartigen Materialien dem Internationalen Stil zugerechnet. Falling Water, das Haus in Bear Run in Pennsylvania (1936–37), ist eine Komposition aus freitragenden Betonplatten. Das Verwaltungsgebäude von Johnson Wax in Racine, Wisconsin (1936–39), wurde mit neu entwickelten, pilzförmigen Eisenstahlsäulen erbaut.

Ein bewegtes Leben

Wright war Sullivans wichtigster Schüler, nahm viele von Le Corbusiers Ideen vorweg und beeinflußte die niederländische De-Stijl-Bewegung. Er sympathisierte mit den Auffassungen von Arts and Crafts, schrieb aber dennoch *The Art and Craft of the Machine*, um William Morris und dessen Abneigung gegen die Technologie herauszufordern. Er wurde 90 Jahre alt, erreichte seinen kreativen Höhepunkt erst mit 60 und war viermal verheiratet.

Guggenheim

Wrights interessantestes Gebäude ist das Solomon R. Guggenheim Museum in New York. Die expressionistische Form steht in einem direkten Zusammenhang mit dem Innenraum. Eine spiralenförmige Rampe windet sich um einen offenen Innenhof empor. Der kontinuierlich ansteigende Boden und die gewölbten Wände lassen den Besucher sich selbst wahrnehmen und vermitteln ein Gefühl ständiger Bewegung.

Das Robie House in Chicago stellt den Höhepunkt der ›Prairie Style‹-Häuser Wrights dar. Sie haben Terrassen, die in Gärten übergehen, vorspringende Dächer, ineinander verschachtelte offene Räume – und sie waren äußerst einflußreich.

NAMEN AN DER WAND

Von allen Europäern nahmen die Niederländer, vor allem die expressionistische Amsterdamer Schule, **Frank Lloyd Wrights** Architektur am enthusiastischsten auf. In den Werken von **Jan Wils** und **Rob van t'Hoff** wird sein Einfluß besonders deutlich; etablierte Architekten wie **Hendrik Petrus Berlage** (1856–1934) und De-Stijl-Mitglieder wie **Jacobus Johannes Pieter Oud** (1890–1963) verbreiteten beflissen die Botschaft Wrights. Dessen Entwürfe erschienen in *Wendingen*, der Zeitschrift der Amsterdamer Architektenschule. Wright selbst hielt die Sonderausgabe von 1925 für die beste Monographie seiner Werke.

1916 Giorgio de Chirico (1888–1978) malt eines seiner typischen Bilder – *Die beunruhigenden Musen* – mit traumartig entstellten Elementen klassischer Gebäude.

1915–18 Carl Gustav Jung und Alfred Adler beginnen sich gegen Freud abzuschirmen und entwickeln ihre eigenen Theorien.

1921 Luigi Pirandellos neues Stück *Sechs Personen suchen einen Autor* wird uraufgeführt und verursacht große Verwirrung.

1909–1919

Immer schneller

Italienischer Futurismus

Geschwindigkeit war die Obsession der Futuristen.

Es gibt nur wenige wirklich ›futuristische‹ Gebäude. Die Architektur dieser Bewegung besteht vor allem in Hunderten von Entwürfen des italienischen Architekten Antonio Sant'Elia (1888–1916) und seines Freundes Mario Chiattone (1891–1957).

Wie viele andere europäische Baumeister ihrer Generation waren die beiden von den Möglichkeiten der neuen Technologien begeistert und wollten der Vergangenheit den Rücken zukehren, um sich einer radikal neuen Architektur zuzuwenden. Ihre Zeichnungen präsentieren Ausblicke auf eine Welt, die es zu Beginn dieses Jahrhunderts noch nicht gab: gigantische Städte mit mehrstöckigen Fahrbahntrassen und Zikkurats, die in schlanken Türmen münden. Die Bilder sind oft romantischer Natur. Sie präsentieren eine utopische Vision, die seither viele Architekten davon überzeugt hat, daß die Welt der Technologie, des Hochgeschwindigkeitsverkehrs und der Megalopolis äußerst spannend sein kann.

Manifeste

Angeführt wurde die futuristische Bewegung, der sich Künstler verschiedener Disziplinen anschlossen, von Filippo Tommaso Marinetti (1876–1944). Das erste Manifest wurde 1909 in der Pariser Zeitung *Le Figaro* veröffentlicht: »Wir bekräftigen, daß die Schönheit der Welt um ein Element reicher geworden ist: die Schönheit der Geschwindigkeit.« In späteren Manifesten wurde daraus ein kompromißloser Aufruf. Man solle mit der Vergangenheit brechen, um dem neuen Interesse an der Geschwindigkeit Ausdruck zu verleihen. Die Architektur war in einem Manifest von 1914 vertreten. Es stammte von Sant'Elia und erschien im Anschluß an eine Ausstellung seiner Werke in Mailand, die er gemeinsam mit der ›Nuove Tendenze‹-Gruppe bestritten hatte. Darin wurde eine Architektur gefordert, die auf

Futurismo e Fascismo

Der Futurismus ist eine der faszinierendsten Gebiete der Kunst und Architektur des 20. Jh. Er umfaßt den Wunsch nach künstlerischer Veränderung, eine gehörige Portion Anarchie, aber auch die bedenkliche Forderung, die Gesellschaft zu ›reinigen‹. Architektur (und Film) zählten nicht zu den Hauptinteressen der Futuristen, aber obwohl kein einziges von Sant'Elias Luftschlössern errichtet wurde, geben seine Entwürfe der ›Neuen Stadt‹ einen Vorgeschmack auf Fritz Lang *Metropolis* und Ridley Scotts *Bladerunner*. De Futurismus selbst, wie er vor 1914 konzipiert wurde, überlebte nicht einmal bis zum Tag de Waffenstillstands 1918 wohl aber der wichtigste Polemiker dieser Bewegung, Marinetti, und mit ihm die meisten futuristischen Künstler. Ihre Nähe zu Mussolini und dem italienischen Faschismu sollte dem Ansehen de Bewegung nachhaltig schaden.

1922 James Joyce veröffentlicht seinen Jahrhundertroman *Ulysses* und läßt das Bewußtsein strömen.

1927 Die Stimme des Varietésängers Al Jolsons erklingt in *The Jazz Singer*, dem ersten amerikanischen Tonfilm.

1932 In den USA gibt es 16 Millionen Arbeitslose. Sie und ihre Angehörigen stellen ein Viertel der amerikanischen Bevölkerung dar.

NAMEN AN DER WAND

Die Futuristen waren die Punkrocker des Jahrhundertanfangs – provokante Performancekünstler, die umfassende Manifeste zu diversen Themen veröffentlichten, unter anderem eines zu Gerüchen. Obwohl kaum eines ihrer Projekte je realisiert wurde, gab es so gut wie keinen künstlerischen Aspekt, zu dem sie nicht eine feste Meinung gehabt hätten. **Giacomo Ballas** Artikel über ›Antineutrale Kleidung‹ forderte Kleidungsstücke, die dynamisch, aggressiv, gewalttätig, phosphoreszierend und mit elektrischen Glühbirnen dekoriert sein sollten.

Der detaillierteste von Sant'Elias Entwürfen für La Città Nuova, 1914. Viele Elemente dieser ›Neuen Stadt‹ sind heute fester Bestandteil jeder realen Stadtplanung.

Ornamentik ebenso verzichtet wie auf die Nachahmung von Marmor und sich statt dessen von der Welt der Maschinen sowie der neuen Technologien und Materialien inspirieren läßt.

Einflüsse

Sant'Elia und der Bildhauer Umberto Boccioni (1882–1916) fielen beide 1916, und es scheint, als sei der Futurismus mit ihnen gestorben. Chiattone lebte bis 1957, aber es entstanden keine neuen futuristischen Werke mehr. Dennoch hatten die Visionen der Futuristen enormen Einfluß auf Architekten in Italien, Europa und den USA. Dieser läßt sich nicht nur am Konstruktivismus und der Architektur der Moderne verfolgen, sondern bildet auch die Basis für den technologischen Determinismus, mit dem sich innovative Künstler wie Richard Buckminster Fuller, Renzo Piano und die avantgardistische englische Gruppe ›Archigram‹ auseinandersetzen.

Der ›Rationalismus‹

...ist ein auf dem Gedankengut des Futurismus basierendes Programm, das 1926 von der ›Gruppo 7‹ formuliert wurde. Das wichtigste Mitglied dieser Gruppe war Giuseppe Terragni (1904–1941), der sie zusammen mit Luigi Figini, Gino Pollini und Marcello Piacentini ins Leben rief. Bemerkenswert sind die Olivettizentrale in Ivrea (1948–50) und die Kirche Madonna dei Poveri in Mailand (1952–56). Terragni erbaute auch die Casa del Fascio von 1932–36. Mit dem Untergang der Faschisten war auch das Schicksal der ›Gruppo 7‹ besiegelt. Was bleibt, ist der Monumentalismus ihrer Bauten, etwa derjenigen für die EUR in Rom (EXPO 1942), als düsteres Mahnmal jener Zeit.

1908 Henry Ford erfindet das Fließband für die Massenproduktion von Autos.

1908 Ein Meteor kollidiert mit einer Rentierherde und richtet gewaltigen Schaden in Sibirien an.

1913 Uraufführung von Strawinskys *Sacre de Printemps* im neu errichteten Champs-Elysées-Theater in Paris durch die Truppe von Sergej Djaghilew.

1907–1939

Deutscher Werkbund

Das Zeitalter von Beton und Glas

Der Deutsche Werkbund wurde 1907 von einer Gruppe gleichgesinnter Architekten, Künstler und Industrieller gegründet. Die Architekten unter den Mitgliedern, u. a. Peter Behrens (1868–1940), Walter Gropius (1883–1969) und Bruno Taut (1880–1938), teilten William Morris' Verachtung für die minderwertige Qualität von Massenprodukten. Doch im Gegensatz zur Arts-and-Crafts-Bewegung akzeptierten sie die Industrialisierung als für den Fortschritt notwendig. Sie setzten sich daher zum Ziel, die Verhältnisse auf den Gebieten Ausbildung und Design durch Kooperationen mit der Industrie zu verbessern.

Nach Ansicht von Peter Behrens machte das Maschinenzeitalter hochwertige, ›ehrliche‹ Industriebauten erforderlich. Die AEG-Turbinenfabrik in Berlin ist ein frühes Beispiel dieser Industrieästhetik.

Glasklar

Neben Beton war Glas das aufregendste Material zu Beginn des 20. Jh. Vollständig verglaste Wände waren die logische Folge davon. Die Entwicklung des Stahlbetonskelettbaus machte freitragende Böden und damit auch Fassaden ohne Tragwerk möglich. Die Fassaden wurden dadurch lichter und leichter. Die Raumerfahrung, die durch solche großen verglasten Abschnitte erzielt wurde, war völlig neu, beeinflußte Lichteinfall und Schattenbildung und bot endlose Ausblicke, innen wie außen.

Klare optische Vorgaben gab es nicht. Die Objekte und Gebäude sollten sich aus dem Produktionsprozeß und der Verwendung neuer Materialien entwickeln. Die jährliche Publikation des Werkbundes präsentierte Arbeiten aus den Bereichen Handwerk, angewandte Kunst, Graphikdesign und Malerei. Die Zusammenarbeit von Kunst und Industrie wurde gefördert. Dennoch bleibt ein Widerspruch zwischen dem Verlangen nach handgearbeiteten Dingen und Massenproduktion bestehen.

Bruno Taut

Bruno Taut stellte sich die zukünftige Architektur unter utopischen sozialistischen Prämissen vor, die mit einem gewissen Mystizismus verbunden waren. Nur die Architektur, so glaubte er, könne die Spiritualität der Menschen wiedererwecken. Er bezeichnete seinen polygonalen Glaspavillon bei der Kölner Werkbundausstellung 1914 als ›reines Ausstellungsgebäude‹. Doch sein Einsatz von Farbe, Licht und Wasser rief Effekte hervor, auf die die Postmoderne stolz gewesen wäre. Die Wände bestanden aus dicken Glasfeldern, und die rautenförmigen Elemente der gläsernen Kuppel bildeten ein räumliches Tragwerk. Im Inneren führte eine Metalltreppe nach oben.

1916 Die *Daily News* bringt ein Interview mit dem Präsidenten der Arts and Crafts Exhibition Society unter der Schlagzeile ›Briten wollen Deutsche schlagen – Das schöne Einmachglas‹.

1917 In Rußland ergreifen die Bolschewiken die Macht.

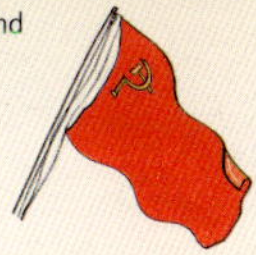

1919 Mussolini gründet die italienische faschistische Partei. Schwarze Hemden sind jetzt groß in Mode.

Hinter den Spiegeln

Bei der ersten Werkbundausstellung 1914 wurde Bruno Tauts Glaspavillon gezeigt, der auf unkonventionelle Weise mit einem Material experimentierte, das zum Grundstoff der modernen Architekturbewegung werden sollte. Walter Gropius entwarf zusammen mit Adolf Meyer (1881–1929) das Verwaltungsgebäude des Werkbundes, dessen Treppenhäuser in geschwungenen Glastürmen liegen und damit Ausblicke nach allen Seiten und über die gesamte Höhe des Treppenhauses ermöglichen.

Walter Gropius arbeitete einige Jahre im Büro von Peter Behrens, bevor er sich selbständig machte. Mit Adolf Meyer entwarf er 1911 die Faguswerke in Alfeld, ein Prototyp des Internationalen Modernismus.

NAMEN AN DER WAND

Die Werkbund-Ausstellung von 1914 war eine Tour de force einer Gruppe, die sich an der britischen Arts-and-Crafts-Bewegung orientierte und sich nun eines regen Zulaufs von über tausend Mitgliedern sowie eines ambitionierten Programms für Wanderausstellungen rühmen konnte. Doch die Streitigkeiten, die in der Folgezeit tobten, gaben ihr beinahe den Rest. **Hermann Muthesisus** legte zehn Vorschläge vor, um die Ziele der Gruppe klarer zu formulieren, und erhielt von dem Belgier **Henri van de Velde** zehn Gegenvorschläge zurück. Der Streit um Standardisierung einerseits und Kreativität andererseits hielt bis in die fünfziger Jahre an.

Das Interesse an neuen Materialien und Techniken führte zur Entstehung expressiver Gebäude, die meist industriellen Zwecken dienten und keine historischen Vorbilder hatten. So soll die AEG-Turbinenfabrik (1908–09) von Peter Behrens die Kraft der Elektrizität repräsentieren, und auch Hans Poelzigs (1869–1936) Wasserturm und Ausstellungshalle in Posen (1911), ein Rundbau aus Stahl und Backstein, ist höchst subjektiv und gewagt, weit entfernt von der Regelmäßigkeit des Klassizismus.

Die von Max Berg (1870–1947) entworfene Jahrhunderthalle (1913) in Breslau (heute Wroclaw, Polen) ist besonders innovativ. Für ihre gewaltige Kuppel mit einem Durchmesser von 65 m wurde Stahlbeton verwendet.

1911 Sergej Djaghilew (1872–1929) gründet in Frankreich die Ballets Russes.

1916–19 Eine Gruppe von Ungarn publiziert in Wien die Zeitschrift *MA* (*Heute*), die sich der Kunst und Architektur widmet.

1924 Anläßlich von Lenins Tod errichtet Alexej Schtschusew das Lenin-Mausoleum als eine Kombination von Pyramidalform und Tempel.

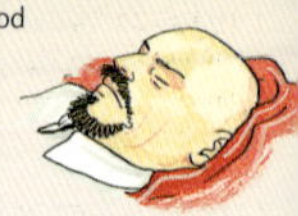

1920–1935

Die Farbe Rot

Russischer Konstruktivismus

Da die Russischen Konstruktivisten von der Idee der industriellen Produktion ganz begeistert waren, verwundert es nicht, daß ihre Gebäude und Projekte häufig an Maschinen erinnern. Sie sind aus vorgefertigten Standardkomponenten zusammengesetzt, funktionell aufgebaut und sie versuchen, möglichst viel ›Technik‹ – Suchscheinwerfer, Projektionsflächen, Radioantennen – in sich zu vereinen. Auch die Entwürfe zu diesen Gebäuden, meist handelt es sich um Holztafeldrucke, haben etwas Mechanisches und stehen in krassem Gegensatz zu den aquarellierten Architekturzeichnungen ihrer Zeitgenossen.

Tatlin entwarf seinen Turm 1919 als Monument für die III. Internationale. Er sollte die Newa überspannen und mit seinen spiralförmigen Eisenträgern und Hängehallen sogar noch den Eiffelturm übertreffen.

Kunst und Maschine

Architektur und industrielle Produktion fanden gegen Ende des 19. Jh. den Weg zueinander, als die Theorie aufkam, daß Deutschland erst dann wieder auf dem Weltmarkt konkurrenzfähig werde, wenn es hervorragende Produkte herstelle. Doch zunächst mußte die angewandte Kunst verbessert werden. Der erste Schritt in diese Richtung war die Gründung des Werkbundes 1907 in München, der großen Einfluß auf das Industriedesign in seiner frühen Phase ausübte. Mit der Zeit wurde der Standpunkt des Werkbundes jedoch von den Interessen anderer Gruppierungen, etwa der De-Stijl-Gruppe, Le Corbusiers und dann des Bauhauses, in den Hintergrund gedrängt. Mit dem Bauhaus begann für Industrie und Design ein völlig neuer Abschnitt.

Der von Wladimir Tatlin (1885–1953) als Modell für ein geplantes 300 m hohes Gebäude errichtete Turm ist das wohl bekannteste Beispiel einer konstruktivistischen Arbeit. Die Dynamik der logarithmischen Spiralform, des kippenden, konischen Netzes vermittelt etwas von der Spannung, welche die Geschwindigkeit, intelligente Maschinen und die potentielle Energie der Elektrizität erzeugen können. Die so entstehenden Räume sollten dabei von den drei reinen, im Inneren des Turmes aufgehängten Formen des Quaders, der Pyramide und des

1920–33 Die Prohibition in den USA hindert viele Amerikaner nicht daran, sich mit Alkohol prächtig zu amüsieren.

1921 Der sowjetische Komponist Sergej Prokofjew (1891–1953) komponiert die Oper *Die Liebe zu den drei Orangen*.

1925 Sergej Eisensteins bahnbrechender sowjetischer Film *Panzerkreuzer Potemkin* sorgt für eine cineastische Sensation.

Zylinders umschlossen werden. Indem diese Formen sich unterschiedlich schnell um die eigene Achse drehen, so das ursprüngliche Konzept, würden sie Zeit durch Bewegung veranschaulichen. Leider wurde dieser Plan Tatlins, der auch als Maler, Bildhauer und Bühnenbildner erfolgreich tätig war, nie realisiert.

Konstantin Melnikow (1890–1974) erregte als erster russischer Formalist Aufsehen, als er 1925 den Russischen Pavillon auf der Kunstgewerbeausstellung in Paris gestaltete. Er verfolgte einen höchst individuellen und progressiven Ansatz. Der Moskauer Arbeiterclub ›Rusakow‹ (1928) hat einen dreiteiligen Grundriß, damit die Zuschauer auf drei verschiedenen Ebenen untergebracht werden können. Das Obergeschoß des Auditoriums ist in drei wuchtig zwischen dem Foyer vorkragende Formen unterteilt und durch die mit transparenten Scheiben verkleideten Fassaden des Gebäudes zu erkennen.

Ein kurzer Frühling

Die Russische Revolution hatte großen Einfluß auf alle Zweige der bildenden Künste. Diese Geschichte ist äußerst komplex, doch außer Frage steht, daß von allen Künsten das Graphikdesign und die Propagandakunst den größten Aufschwung nahmen. Künstler wie Kasimir Malewitsch (1878–1935), Tatlin (1885–1953) und selbst Marc Chagall (1887–1985) standen zwar eine Weile im Mittelpunkt des Geschehens, doch damit sollte vor allem die Harmonie innerhalb der neuen sozialistischen Ordnung demonstriert werden. Lenin und Stalin mißtrauten den Kulturschaffenden, so daß auch die Architekten in der UdSSR schon bald wieder ein Schattendasein führten.

Daheim in der UdSSR

Der Sozialismus brachte neue soziale Strukturen und Institutionen hervor und begünstigte die Forschung in den Bereichen Städteplanung und kommunales Wohnen. Der Moskauer Wohnblock Narkomfin von Moissej Ginzburg (1929) zeichnet sich durch unterschiedlich große Apartments sowie Gemeinschaftsräume aus, eine später vom Modernismus aufgegriffene Idee. Der radikalste formalistische Städteplaner war Nikolai Milyutin (1889–1942), der eine kontinuierliche lineare Stadtentwicklung propagierte. Seine Städte sollten aus parallel verlaufenden Streifen bestehen. Wohngegenden, Industriegebiete und Grünflächen zu Erholungs- und Landwirtschaftszwecken sollten einander abwechseln und sich entlang der Straßen und Eisenbahnlinien ausdehnen.

NAMEN AN DER WAND

Innerhalb des Konstruktivismus, aber vom Ansatz der Rationalisten abweichend, formierte sich eine zweite Gruppe von Künstlern, die sich mehr für die abstrakten Ideen von Malern wie **Kasimir Malewitsch** und **El Lissitzky** interessierten. Angeführt wurde diese von den Brüdern **Alexander**, **Victor** und **Leonid Wesnin**. Ihr Entwurf für die Leningradskaya Prawda (1921), dessen maschinenähnliche Ästhetik sich mit einem gesetzten, geradlinigen, beinahe abstrakten, flachen Aufriß verbindet, illustriert das Anliegen der Gruppe.

1915 El Lissitzky vermittelt dem Westen die russische Moderne.

1915 J. J. P. Oud (Architekt), Theo van Doesburg (Maler) und Gerrit Rietveld (Möbelschreiner) diskutieren über ihre gemeinsame Wertschätzung des Kubismus.

1920er Strawinsky, Schönberg and Bartók versuchen, herkömmliche Vorstellungen von Harmonie und Tonalität über Bord zu werfen.

1910–1920

Holland

De Stijl

Matisse erfand den Begriff ›Kubismus‹.

Der Kubismus – die neue Wahrnehmungsweise in der Kunst – bedeutete, daß Gegenstände und Räume ohne Verwendung der perspektivischen Systeme der Renaissance abgebildet werden konnten. Der neue Multiperspektivismus, die Akzeptanz mehrerer Perspektiven gleichzeitig, ist auch für die Architektur von großer Bedeutung, da sie visuelle Elemente und Ideen von konventionellen Darstellungen abgrenzt.

Im Kontrast zu den idyllischen Skulpturen und Bildern der Amsterdamer Schule ging es der holländischen De-Stijl-Bewegung um Objektivität. Sie lehnte naturalistische Formen ab und bediente sich statt dessen einer abstrakten Sprache, die aus geraden Linien, den Grundfarben sowie Schwarz, Weiß und Grau bestand. Die Bilder ihres Gründungsmitglieds Piet Mondrian sind allgegenwärtig. In der Architektur kreuzen sich Linien und Ebenen und erwecken den Eindruck räumlicher Kontinuität statt Begrenzung. Das Huis-ter-Heide in Utrecht (1916) von Rob van t'Hoff (1887–1979), dessen Fenster in die auskragenden Dachplatten übergehen, ist Ausdruck dieser Idee.

Inbegriff der De-Stijl-Architektur ist ein Haus in Utrecht, das 1924 von Gerrit Rietveld (1888–1964) gemeinsam mit dem Innenarchitekten Trus Schröder-Schrader erbaut wurde. Wie die verkleinerte, dreidimensionale Version eines Mondrianbildes steht es am Ende einer Reihe von Vororthäusern. Bei diesem eher an ein Möbelstück erinnernden Bauwerk spielen weder die verwendeten Materialien noch handwerkliche Standards eine Rolle. Es gibt keine Gehrfugen, keine Verzierungen, keine kunstvollen Schnitzereien. Alles wurde speziell

Eine facettenreiche Angelegenheit: Der Kubismus

Mit dem Kubismus verbindet man vor allem die Namen Pablo Picasso (Spanier, 1881–1973), Georges Braque (Franzose, 1882–1963), Fernand Léger (Franzose, 1881–1955) und Juan Gris (Spanier, 1887–1927). Der Kubismus war in erster Linie eine Kunstrevolution, seine Auswirkungen auf die Malerei machten sich gerade erst bemerkbar. Überzeugt davon, daß es eine Raumdarstellung geben müsse, die sich nicht auf die Renaissance bezieht, versuchte Picasso drei Dimensionen auf der zweidimensionalen Ebene der Leinwand abzubilden. Das auf diese Weise entstandene Bild *Les Demoiselles d'Avignon* (1907; Museum of Modern Art, New York) hielt Picasso lange Zeit geheim. Architekten der Prager ›Gruppe bildender Künstler‹ versuchten den Entwurf einer Architektur nach dem Vorbild der Malerei Braques und Picassos zu realisieren und die Verfahrensweisen des analytischen Kubismus auf die Baukunst zu übertragen.

1924 Dank Clarence Birdseye sind in Amerika die ersten tiefgefrorenen Erbsen erhältlich. Sogar das Essen wird nun abstrakt.

1929 Nachdem er sich mit Stalin überworfen hat, geht Trotzki ins Exil.

1931 Piet Mondrian und Theo van Doesburg gehören zu den Gründungsmitgliedern von Abstraction-Création, eine Gruppe, die einen ahistorischen, nichtfigurativen Stil anstrebt.

NAMEN AN DER WAND

In Ungarn gab es eine ähnliche Bewegung in Kunst und Literatur, die mit dem Kubismus durch die Zeitschriften *Tett* (*Tat;* 1915–16) und *Ma* (*Heute*, 1916–21) verbunden war. **Farkas Molnárs** (1897–1945) Haus Roter Kubus (1921) ist ein frühes Experiment in dieser Richtung. Die tschechische kubistische Bewegung begann mit *Umeleky Mesicnik*, einer Publikation aus dem Jahr 1911. Hinsichtlich der Gebäudetypen und Grundrisse zeigen sich keine Veränderungen, wenn man von der Hinzufügung hervorstehender, winkliger Dekorationen an den Fassaden absieht, die an die gebrochenen Bilder von Braque und Picasso denken lassen. Ein Beispiel hierfür ist ein von **Josef Chochol** (1880–1956) geschaffener Wohnblock in Prag (1913).

für dieses Haus angefertigt, doch bedurfte es zur Herstellung der einzelnen Gebäudeteile keiner speziellen Fähigkeiten oder Kenntnisse. Es finden sich hier weder ausgefallene Materialien noch warmer Stein, polierter Marmor, prächtiges Mauerwerk oder glänzendes gemasertes Holz. Die Oberflächen sind in verschiedenen Farben bemalt, die Formen unspektakulär. In seiner Verbindung von vorspringenden und fliehenden Ebenen und Geraden wirkt das Haus fragil und unangreifbar zugleich.

Die De-Stijl-Bewegung

Theo van Doesburg (1883–1931) war der Sprecher der De Stijl-Künstlergruppe. Ursprünglich Maler, wollte er die zweidimensionalen Gemälde zu etwas Räumlichem erweitern. Die grundlegende Theorie der Gruppe, Mondrians Neo-Plastizismus, basierte auf einem mathematischen Grundsatz zur Reduzierung dreidimensionaler Rauminhalte auf zweidimensionale Ebenen und wurde 1917 in der ersten Ausgabe ihrer Zeitschrift *De Stijl* veröffentlicht. J. J. P. Oud (1890–1963) war ein aktives Mitglied der Gruppe; sein Café de Unie in Rotterdam (1924/5) ist reinster De Stijl. Oud stimmte nicht mit den puristischen Prinzipien van Doesburgs überein und entwickelte später eine andere Spielart des Modernismus.

Rechteckige Formen

Schlichte, bemalte Oberflächen

Vorkragende horizontale Ebenen

Das Haus Schröder in Utrecht ist ein paradigmatisches De-Stijl-Gebäude.

1919 Die erste kommerzielle Flugverbindung zwischen London und Paris nimmt ihren Betrieb auf.

1920er Wegen der Hyperinflation stagniert der Baumarkt. Man hat viel Zeit für elegante Entwürfe und gewagte Theorien.

1922–31 Der russische Maler El Lissitzky lebt im Westen und steht im regen Austausch mit dem Bauhaus und der De-Stijl-Gruppe.

1919–1933

Das Bauhaus und die Folgen

Gropius und Co.

Das Bauhaus erhielt seinen Namen von Walter Gropius (1883–1969), als dieser 1919 die Direktion der Kunstgewerbeschule in Weimar übernahm. Gropius trat die Nachfolge des Werkbund-Pioniers Henri van de Velde an (1863–1957), der sich stärker an den kunsthandwerklichen Ideen des Engländers William Morris orientiert hatte. Unter der Leitung von Gropius und seinem Nachfolger Hannes Meyer (1889–1954) produzierte die Schule Werke, die durch jene funktionellen, klaren Linien bestechen, für die der Name Bauhaus schon bald ein Synonym werden sollte.

Die spektakulär auskragenden Balkone von Gropius' neuem Bauhausgebäude in Dessau (1925–26).

Ziel der Bauhaus-Schule war es, alle künstlerische Kreativität in einer Einheit zu versammeln, alle künstlerischen Disziplinen in einer neuen Architektur zu vereinigen. Neben sich verändernden Produktions- gab es auch neue Lehrmethoden. Individuelles Arbeiten wurde durch Gruppenarbeit abgelöst, und die bisher üblichen Ateliers unter der Leitung eines Meisters von offenen Werkstätten verdrängt. Daneben gab es einen allgemeinen ›Vorkurs‹, in dem Künstler wie Paul Klee, Wassily Kandinsky und Johannes Itten den Umgang mit Form, Farbe und Material lehrten. Später kam auch Industriedesign als Unterrichtsfach hinzu.

NAMEN AN DER WAND

In England kooperierte Gropius mit **E. Maxwell Fry** (1899–1987), der für sein Sun House in Hampstead, London (1934–35), berühmt geworden war. Maxwell Fry stand mit der Modern Architecture Research Group (MARS) in Verbindung, die 1933 mit anderen Modernisten wie **Berthold Lubetkin**, **Wells Coates** und **Ove Arup** gegründet worden war. MARS wollte den europäischen Rationalismus in England verbreiten. Ihr Vorschlag, London nach einem rationalen linearen Plan umzugestalten, löste eine heftige Kontroverse aus.

1924 Schönberg komponiert 12-Ton-Musik. Während einer Aufführung dreht er sich um und fordert das Publikum auf, nicht zu zischen.

1926 In Großbritannien findet ein Generalstreik zugunsten der zu Unrecht ausgesperrten Bergleute statt.

1929–31 Le Corbusier baut seine avantgardistische Villa Savoye in Poissy.

Der Spiritus rector

Walter Gropius war der wichtigste Architekt der Bauhausschule und eine der herausragenden Figuren der Architektur des 20. Jh. überhaupt. Er entwarf die neuen Gebäude der Schule in Dessau mit ihren für den Bauhausmodernismus beispielhaften Werkstättenblocks. Pilzförmige Säulen tragen die im übrigen freischwebenden Betonplatten; die Räume sind von einer sich über drei Stockwerke erstreckenden Glasfassade umschlossen.

Neben der Erforschung neuer Materialien wie Glas und Beton widmete sich Gropius auch räumlichen und soziologischen Aspekten. Sein Konzept eines ›Totalen Theaters‹ (1926) wurde 1930 in Paris vorgestellt, aber leider nie realisiert. Der Innenraum des Theaters sollte auch als Proszenium, Zirkus oder Amphitheater genutzt werden können, um verschiedene Aufführungsformen zu ermöglichen.

Gropius' Wohnhausprojekte entsprangen dem Wunsch, den Bedürfnissen der auf immer engerem Raum zum Zusammenleben gezwungenen Menschen gerecht zu werden und dabei Aspekte wie frische Luft, Licht und Freiflächen zu berücksichtigen. Die fünfstöckigen, auf einer Nord-Süd-Achse ausgerichteten Wohnblocks der 1929 von Gropius erbauten Siemensstadt sind zu einem Modell für viele ähnliche Projekte geworden.

Kooperation der Architekten

Wie viele andere moderne Architekten verließ auch Gropius Deutschland, als die Nazis 1933 an die Macht kamen. Nach einigen Jahren in England übernahm er 1937 den Lehrstuhl für Architektur an der Harvard University. Immer noch überzeugt von der Idee der Teamarbeit, gründete er dort ›The Architects' Collaborative‹, in deren Rahmen er mit einer Anzahl erheblich jüngerer Kollegen zusammenarbeitete und eine Reihe bemerkenswerter Gebäude schuf, darunter das Harvard Graduate Center in Cambridge und den Interbau-Wohnblock in Berlin (1957), der mit seiner dramatisch geschwungenen Balkonfassade über einem offenen Erdgeschoß beeindruckt.

Bauhaus

Die Design-Schule schlechthin, ein Renaissance-Atelier der zwanziger Jahre und einzige Schule in Europa, an der Industriedesign gelehrt wurde. Die Liste der am Bauhaus Beschäftigten liest sich wie ein Who-is-Who der Moderne: Johannes Itten (1888–1967), der wichtigste Vertreter der Farbentheorie, Paul Klee (1879–1940), Wassily Kandinsky (1866–1944), Marcel Breuer (1902–1981), Josef Albers (1888–1976) und Lyonel Feininger (1871–1956). Hannes Meyer, der letzte Direktor, versuchte den Schwerpunkt der Ausbildung an der Bauhaus-Schule weg vom Ästhetizismus hin zu einer sozialen Ausrichtung auf die Bedürfnisse der Menschen statt auf den Wunsch nach Luxus zu lenken.

Das Graduate Center der Harvard University, Cambridge, Massachusetts, wurde 1949–50 von Gropius und seinen Mitarbeitern errichtet.

1909 Bakelit kommt auf den Markt. Es handelt sich um die erste kommerzielle Verwendung von Kunststoff. Es wird für Elektrostecker und -geräte verwendet.

1928 Durch einen glücklichen Zufall entdeckt Alexander Fleming (1881–1955) das Penicillin.

1929 Der Zusammenbruch der Wall Street löst eine Weltwirtschaftskrise aus.

1887–1965

Der Weise

Le Corbusier

Die Haupträume der Villa Savoye, Poissy, Frankreich (1928–30), befinden sich im ersten Stock, der auf Piloten steht.

Der Modernismus war nicht einfach nur ein neuer Stil, eine andere Ästhetik, sondern er räumte das Konzept der Stile grundsätzlich beiseite und etablierte eine neue Denkweise. In der sich ständig verändernden modernen Gesellschaft sollte sich die Architektur mit der Maschinenkultur auseinandersetzen – einer Kultur der Logik und Zielgerichtetheit. Die moderne Architektur ist daher, wenn auch zunächst nur zögerlich, aus Entwicklungen in der Konstruktionstechnologie und Experimenten mit neuen Materialien hervorgegangen.

Domino-Haus (1914–15).

Le Corbusier (Charles-Edouard Jeanneret, 1887–1965) war ein Schweizer Architekt von außergewöhnlicher Brillanz. Er arbeitete für Peter Behrens in Berlin, für Auguste Perret in Frankreich und wählte Paris als Wohnsitz. Sein Frühwerk weist alle Merkmale des Bauhausstils von Gropius auf – weiße Flächen und Kuben.

CIAM

1928 schlossen sich einige an neuer Architektur interessierte europäische Architekten zusammen und gründeten den CIAM (Congrès International d'Architecture Moderne). Erklärtes Ziel war es, »die Architektur aus der akademischen Sackgasse zu befreien und sie in dem ihr angemessenen gesellschaftlichen Umfeld zu situieren«. Ursprünglich nur als zwangloses Treffen kreativer Individuen gedacht, gewann CIAM großen Einfluß als Diskussionsforum, Ideengenerator und Informationsbörse. CIAM existierte etwa 30 Jahre, bis es von einer radikalen Generation – dem ›Team X‹ – abgelöst wurde.

1923 veröffentlichte er *Vers une Architecture,* ein heftiges Plädoyer für eine neue Architektur, das Ozeandampfer, Flugzeuge und Autos als Belege für die Notwendigkeit eines logischen Designs heranzog. Die Grundlage dieser neuen Architektur sollte eine Rahmenkonstruktion aus horizontale Flächen tragenden Säulen sein. Diese Theorie, die sich aus mehreren Projekten heraus entwickelte, wurde später in Form der ›5 Punkte‹ veröffentlicht. Das Haus ruht auf Pfählen (Piloten) mit jeweiligen Fundamenten. Flachdächer können als Garten, Terrassen, zusätzliche Räume, aber auch nur zur Isolierung genutzt werden. Da die Wände keine Stützfunktion haben, lassen sie sich an verschiedenen Stellen plazieren. Die langen Fenster zwischen den Säulen erfüllen die Räume mit Tageslicht und frischer Luft. Die freie Fassade kann unabhängig von der Grundstruktur des Hauses gestaltet werden.

1930 Amy Johnson fliegt in 19,5 Tagen allein von London nach Australien.

1947 Indien wird unabhängig. Schon kurze Zeit später arbeitet Le Corbusier in Chandigarh.

1952 Nachdem er sieben Jahre lang hartnäckig mit DDT bekämpft wurde, wird der Malariamoskito endgültig für ausgerottet erklärt – Irrtum.

;auen im ;roßen Stil

e Corbusier entwickel-
e eine bestimmte Art es formalen Aufbaus rößerer Gebäude. Der avillon Suisse in der ;ité Universitaire in 'aris, die Cité de Re-uges in Paris sowie der ;entrosojus in Moskau eruhen alle auf einem hnlichen Konzept. .leine, sich wieder-olende Räume, Schlaf-immer oder Büros, re-;elmäßig angeordnet, ı Plattenbauweise ıbereinandergestapelt, nit sorgfältig bemesse-em Lichteinfall. Der ingangsbereich und ie Gemeinschafts-äume im Erdgeschoß verden von großzügi-;en, geschwungenen, ınabhängigen Formen eherrscht. Das ganze ;ebäude ist Ausdruck eines Inhalts.

Häuser

Die Villa Savoye (1929–31) und das Maison La Roche (1923) sind zu Monumenten des Modernismus geworden. Neben normal hohen Räumen finden sich solche von zwei bis dreifacher Höhe; herkömmliche Gänge werden durch Rampen, Brücken oder Galerien ersetzt. Beim Gang durch das Gebäude steht man in einem ständigen Dialog mit den Haupträumen. Die gesamte Anlage wird von Tageslicht durchflutet, und sorgfältig plazierte Fenster lassen Sonnenstrahlen effektvoll ins Innere des Hauses dringen. Die Außenräume sind Teil der Gesamtkomposition, die Ausblicke sorgfältig gerahmt und inszeniert. Diese ›Wohnmaschinen‹ besitzen jene räumliche Großzügigkeit und jenen Luxus, die Le Corbusier sich für alle Wohnhäuser wünschte.

Ein Menschenfreund

Le Corbusier dachte bei seinen architektonischen und städtebaulichen Entwürfen schon sehr früh an an die Menschen. 1904 lernte er Tony Garnier (1869–1948) kennen, der für seine bereits mehrere Jahre vor den Futuristen formulierten Idee einer Cité Industrielle berühmt geworden ist. Garniers Plan sah die Verwendung gewaltiger Mengen von Glas und Beton vor, und Le Corbusier verband Garniers Ideen mit dem Konzept menschlicher Privatheit in einem größeren lebendigen Organismus – der Kommune. In seinem Buch *Vers une Architecture* veröffentlichte er 1923 seine Auffassungen über ein harmonisches Miteinander von Form und Intellekt. Seine Pläne für universale Städte mit symmetrisch angeordneten Hochhäusern an zentralen Stellen sind heute Wirklichkeit geworden. Die Unité d'Habitation (1947–52) in Marseilles mit ihren mächtigen Dächern und dem sich zwischen den Wohntürmen hindurchwindenden Verkehr zeugt davon.

Die Wallfahrtskirche Notre-Dame du Haut, Ronchamp (1950–54) – Inbegriff der Ideen Le Corbusiers.

1914 Bruno Taut präsentiert das seinen utopischen Visionen entspringende Glashaus auf der Ausstellung des Werkbundes in Köln.

1916 Einstein veröffentlicht seine Allgemeine Relativitätstheorie. Wegen des Krieges wird sie kaum wahrgenommen.

1916 In Zürich gründen Hans Arp und Tristan Tzara die Dada-Bewegung.

Besser spät als nie

Der Begriff Expressionismus hat zwischen seiner Verwendung in den bildenden Künsten und seinem Gebrauch in der Architektur eine Art Zeitsprung erfahren. Die Architektur erkennt die Vorkriegsschauer dieser neuen Tendenz zwar an, zollt aber lieber den ›Jungstars‹ der Zeit nach dem Kriegsende (1918) Beifall. Die Halbabstraktionen des Jugendstils bilden eine Art Sprungbrett der Phantasie zu den Kreationen Antoni Gaudís, bestimmten Amsterdamer Wohnsiedlungen, Klints Gruntvig-Kirche (1913) in Kopenhagen und Mendelsohns eleganten Betonbauten.

1920–1960

Expressionismus

Natürliche Geometrie

Die Architektur des Werkbunds zu Beginn des 20. Jh. ist eng mit der Entwicklung des Modernismus verbunden – von Gropius' und Meyers Modellfabrik in Alfeld an der Leine bis zum Wechsel von Gropius an das Bauhaus. Doch nicht alle Architekten folgten diesem Trend. Bruno Taut (1880–1938) und Hans Poelzig (1869–1936) boten mit ihren expressionistischen Ideen eine Alternative zum Formalismus, der schließlich zur reinen Geometrie, Symmetrie und rationalen Planung des Internationalen Modernismus führte.

Der Innenraum der Berliner Philharmonie (1956–63) zeugt von Hans Scharouns ausgeprägtem Sinn für Geometrie.

Der 1920 von Erich Mendelsohn (1887–1953) in Potsdam erbaute Einsteinturm, der weniger Gebäude denn Skulptur ist und durch seine naturalistischen Rundungen der reinen Geometrie entsagt, ist das Symbol des Expressionismus. Mendelsohn war beunruhigt über die Polarisierungstendenzen im Werkbund, die er auch in Holland beobachtete. Von den Werken Berlages und Michel de Klerks meinte er, sie seien visionär, aber ohne Objektivität, und über die Architektur in Rotterdam, sie sei funktional, aber ohne Zartgefühl. Er selbst bemühte sich um eine Synthese beider Positionen, versuchte das Rationale mit dem Expressiv-Dynamischen zu verbinden.

Bei seiner Hutfabrik in Luckenwalde (1921) steht die niedrige Werkhalle mit ondulierenden Giebeldächern in einem reizvollen Kontrast zu dem glatten, hohen Kubus mit Flachdach. In Mendelsohns späteren Werken bediente er sich zunehmend geometrischer Formen, ohne dabei auf die für ihn charakteristischen, markant geschwungenen Kurven, kräftigen Horizontalen und großflächigen Verglasungen zu verzichten.

1918 In England erhalten Frauen endlich das Wahlrecht, allerdings erst ab dem 30. Lebensjahr.

1915 Veröffentlichung von Franz Kafkas Erzählung *Die Verwandlung*. Der Expressionismus liegt in der Luft.

1932 In einem Labor in Cambridge (England) wird das Atom gespalten und dabei Energie freigesetzt.

Der Utopist

Als junger Architekt und Mitglied der ›Gläsernen Kette‹, von Bruno Taut gegründet, um den Ideenaustausch zu fördern, schuf Hans Scharoun (1893–1972) einige seiner eindrucksvollsten Entwürfe, visionäre, phantastische Skizzen und traumartige Bilder einer utopischen Zukunft. Aus den späten zwanziger Jahren stammen Wohnblocks und Einfamilienhäuser, asymmetrische Kompositionen von großer Originalität.

Erst in den fünfziger und sechziger Jahren hatte Scharoun Gelegenheit, größere Projekte zu realisieren. Die Philharmonie und die Staatsbibliothek in Berlin sind zwei bedeutende Werke, die von seinem Erfindungsreichtum zeugen. Sie folgen weder einer konventionellen formalen Geometrie noch einem bestimmten Gebäudetypus. Es dominiert der experimentelle Charakter.

NAMEN AN DER WAND

Expressionistisch gestaltete Bauwerke wirken heute kaum mehr fremdartig. Und ihr extravagantes Äußeres muß nicht mit ihrer Funktion kollidieren, denn bei der Planung werden Gebäudefunktion und architektonisches Umfeld stark berücksichtigt. Ein Beispiel hierfür ist **Bolles Wilsons** Bibliothek in Münster. Der massive Bau ist so aufgeteilt, daß der Ausblick auf bereits existierende Gebäude erhalten bleibt, es werden traditionelle Materialien verwendet, die in einem Zusammenhang mit der Umgebung des Gebäudes stehen. Der Plan orientiert sich an der Bewegung der Benutzer. Ein anderes Beispiel sind **Glen Murcutts** Bauten in Australien, die sich auf das Klima, die Kultur und die Tradition ihres jeweiligen Umfelds beziehen.

Das Individuum ist in beiden Werken der Referenzpunkt. Es ist ebenso Teil der Architektur wie die Masse der Menschen, auf die die Räume des Foyers oder die Eingangshallen ausgerichtet sind.

Erich Mendelsohns Einsteinturm in Potsdam hat die plastische Qualität seines – häufig nur in Entwürfen existierenden – expressionistischen Frühwerks.

Hans Scharoun

Während der Nazizeit beschränkte sich Scharoun auf den Bau von Privathäusern. An den Gärten und umsichtig entworfenen Außenräumen dieser Anlagen läßt sich deutlich die Entwicklung seiner Ideen im Verhältnis zu Architektur und Landschaft ablesen. Neben solchen Arbeiten schuf Scharoun in diesen Jahren auch zahlreiche Zeichnungen, auf die er dann im Rahmen späterer Projekte zurückgreifen konnte.

1928 Der Kaugummi tritt seinen Siegeszug um die Welt an.

1932 Alvar Aalto entwickelt gebogenes Sperrholz und benutzt es bei der Ausstattung des finnischen Pavillons auf der Pariser Weltausstellung von 1937.

1957–58 Wissenschaftler aus vielen Nationen kommen im Internationalen Geophysischen Jahr zusammen, um die Erde zu studieren.

1920–1970

Nieder mit der Geometrie

Organisches

Die Natur kennt keine geraden Linien.

Eero Saarinen, TWA Terminal im New Yorker Kennedy Airport (1956–62), verwendet naturalistische Formen.

›Organische Architektur‹ wird als Bezeichnung für alles verwendet, was nicht aus rein geometrischen Formen zusammengesetzt ist und so wirkt, als könne es natürlich sein. Ihre Wurzeln liegen im 19. Jh., als die Architekten sich auf die Suche nach Alternativen machten, um nicht ständig andere Stile nachahmen zu müssen.

Wie schon in der Architektur des Expressionismus liegt der Akzent darauf, die klimatischen und topographischen Gegebenheiten der Landschaft mit in die Planung einzubeziehen. Die Idee, im Einklang mit der Natur zu arbeiten, spielt bei vielen Architekten der Moderne eine große Rolle, etwa bei Sullivan, Aalto und Scharoun, auch wenn diese eher vom realen Werkprozeß mit seinen konkreten Erfordernissen ausgehen als von einer direkten visuellen Interpretation natürlich anmutender Formen.

Natürliche Harmonie

Für Hugo Häring (1882–1958) legitimierte die Natur das Anliegen Mendelsohns, einen Ausgleich zwischen Rationalität und Expressivität zu finden. Die Natur vereint beides – zweckmäßige Formen wie den stromlinienförmigen Körperbau des Windhundes und das ›flammende‹ prächtige Geweih des Hirschs. In Härings Gut Garkan (1924) sind die Ställe und Tierhäuser frei von allen geometrischen Bezügen.

In dieses Umfeld gehören auch Eero Saarinen (1910–1961), dessen TWA Terminal im New Yorker Kennedy Flughafen mit seinen freischwebenden Formen einem Vogel gleicht, und Jørn Utzons (geb. 1918) Oper von Sydney (begonnen 1956) mit ihren muschelartigen Dachkonstruktionen.

Schwungvoll

Die geschwungenen Ranken des Jugendstils sorgten dafür, daß die meisten experimentellen Architekten um 1906 von der Geradlinigkeit Abstand nahmen. Die Weiterentwicklung der Betonkonstruktionen und freitragenden Strukturen trugen wesentlich zur Integration neuer Kunstformen in Bauprojekte bei. Der Großmeister der Betonbauweise ist Pier Luigi Nervi (1891–1979). Seine Flugzeughalle in Orbetello (1939–41) mit ihren angedeuteten Kreuzrippengewöben und seine Sportstadien, insbesondere das Olympiastadion in Rom (1960), suchen ihresgleichen.

1959 Das Luftkissenfahrzeug Hovercraft kann über Land und Wasser fahren.

1961 Bau der Berliner Mauer – West- und Ostmächte stehen sich gegenüber.

1962 Antonionis Film *L'Avventura* kommt in die Kinos.

NAMEN AN DER WAND

Hermann Finsterlin (1887–1973) hat selbst nichts gebaut, entwarf aber einflußreiche phantastische Architektur, die er 1919 in Berlin bei einer von Gropius arrangierten ›Ausstellung für unbekannte Architekten‹ vorstellen konnte. Die expressionistische Zeitschrift *Wendingen* widmete ihm eine Sonderausgabe. Finsterlin, der der Theosophie nahestand, schuf nicht nur Aquarelle, Tusch- und Architekturzeichnungen, sondern verfaßte auch zahlreiche Schriften über eine Welt aus organischen Formen, in der die eingefrorenen kreativen Energien des Menschen durch das Universum zu neuem Leben erweckt werden sollen.

In den 1990er Jahren ist der Begriff ›organisch‹ wieder populär geworden. Er spielt eine Rolle in der Architektur des Ungarn Imre Makovec (geb. 1935), der mit seinem Pavillon auf der EXPO 1992 in Sevilla international bekannt wurde. Makovecs Bauten, in denen Holz eine große Rolle spielt, sind deutlich anthropomorph.

Das Mittelschiff der Totenkapelle in Farkaset könnte der Rippenbogen eines riesigen Tieres sein, und der Eingang der Kirche in Siofok (1986–90) ähnelt dem Gesicht einer Eule. An seinen Bauten findet man grobe Holzschindeln, die Krokodilhäuten oder Fischschuppen gleichen. Die vornehmlich aus dem Dach entwickelten Formen sollen auf eine ursprünglich ungarische Kultur verweisen. Makovecs Arbeiten wurden dafür kritisiert, daß sie der romantisierenden Version der Vergangenheit entgegenstehen, mit der die neue Rechte in Ungarn den Internationalen Modernismus ausmerzen will.

Schrill und Schräg

Das allgemeine Interesse an Bizarrerien hat Ende der 70er Jahre zu einem erneuten Interesse an der Welt des Nonkonformisten Bruce Goff (1904–1982) geführt. Goffs Häuser vereinen komplizierte geometrische Formen mit individuellen, im Auftrag der Kunden ausgewählten Materialien. Aufgrund seiner schon früh einsetzenden Ablehnung des Internationalen Stils wurde er zu einem Anreger alternativen Bauens. Unter anderem schuf er das Price House aus ineinander verzahnten Polygonen sowie das Dace House in Oklahoma mit einer Fassade aus riesigen zylindrischen Schränken.

Die großen Muschelschalen der Oper von Sydney wurden von Jørn Utzon entworfen.

1919 Le Corbusier und der Künstler Amedée Ozenfant (1886–1966) veröffentlichen das Puristische Manifest.

1926 John Logie Baird (1888–1946) präsentiert die erste Fernseh-Vorführung, – fünf Bilder pro Sekunde, mehr sind nicht drin.

1939–45 Der Zweite Weltkrieg bringt Tod und Zerstörung über ganz Europa. Nach Kriegsende herrscht akute Wohnungsnot.

1920–1970

Die Wohnmaschine

Noch einmal Le Corbusier

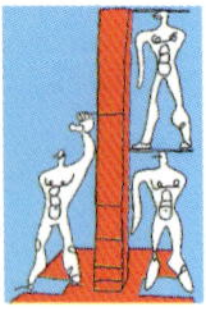

Le Corbusiers *Modulor.*

Le Corbusier war maßgeblich an dem größten Projekt des Modernismus im 20. Jh. beteiligt – der Bereitstellung von Wohnraum für alle. Nach ersten Slum-Beseitigungsprogrammen in den überbevölkerten Städten des 19. Jh. wurde dieses sozial motivierte Projekt nach dem Ersten Weltkrieg ernsthaft in Angriff genommen und erhielt durch die noch größeren Zerstörungen des Zweiten Weltkriegs zusätzliche Dringlichkeit. Zugleich hatte es Anteil an der sich verändernden Sicht auf die architektonische Produktion. ›Modernismus‹ war im Rahmen der Massenproduktion gleichbedeutend mit der Fertigstellung billigerer und besserer Wohnungen für alle.

Wohnsiedlungen

In den späten 1870ern entstanden in London die ersten Gartenvorstädte. Den Höhepunkt dieser Entwicklung stellt die 1907 von Sir Raymond Unwin begonnene Hamstead Garden Suburb dar, in der sich öffentliche und private Räume harmonisch verbinden. Die Slum-Bereinigungsprojekte der Nachkriegsjahre boten die Möglichkeit, obdachlos Gewordene in neuerbauten Wohnblocks unterzubringen. Robert Matthews Roehampton Estate (1958) wurde zum abschreckenden Beispiel für einen mißverstandenen Le Corbusier.

Le Corbusiers Massenwohnprojekte verfolgten, was Raum und Licht angeht, dieselben Ideen wie seine Entwürfe individueller Häuser und berücksichtigten auch neue Lebensgewohnheiten in einer sich verändernden Umgebung. Resultat dieser Ideen war die Unité d'Habitation in Marseilles (1947–52), eine komplette Vorstadt, deren 1800 Einwohner in einem einzigen Gebäude wohnen. Der gigantische Betonbau, den viele Kritiker mit einem Kreuzfahrtschiff verglichen, steht auf gewaltigen Piloten, so daß die Landschaft darunter nicht in Mitleidenschaft gezogen wird. Er hat eine Dachterrasse, auf der sich, wie an Deck eines Schiffes, hohe trichterförmige Schornsteine und ein Schwimmbad für Kinder befinden. Die raffinierterweise auf zwei Ebenen angelegten Wohnungen bieten morgens und abends Tageslicht. Außer Wohnungen enthält die Unité alle übrigen für eine Kleinstadt erforderlichen Einrichtungen. Ähnliche Projekte wurden später auch andernorts realisiert.

Die Unité nutzt die Flachdächer auf optimale Weise als Erholungsareale.

1947 Buckminster Fuller (1895–1983) erfindet die Geodätische Kuppel. In 30 Jahren werden 50 000 Stück davon gebaut.

1951 Mies van der Rohe entwirft die Lake Shore Drive Apartments in Chicago, während Frank Lloyd Wright das Friedman House in Pleasantville, New York, vollendet.

1953 Robert H. Abplanalp erfindet die Sprühdose.

NAMEN AN DER WAND

Es wäre unmöglich, über die Verbesserungen im Wohnungsbau zu sprechen, ohne den Beitrag **Ebenezer Howards** (1850–1928) zu würdigen, eines englischen Büroangestellten, der nach einem Amerikaaufenthalt den Plan für eine Gartenstadt entwickelte und die Architekten durch die Plausibilität seines von gesundem Menschenverstand geleiteten Ansatzes überzeugte. Obwohl Deutschland dem Charme des englischen Hauses Tribut gezollt hatte, befürchtete man in England, man könne bei der Umsetzung der Gartenstadtidee ins Hintertreffen geraten. Doch eine Untersuchung von **Lloyd George** im Jahr 1919 ergab, daß sich das Konzept der *Garden city* als *Cité-jardins* und *Ciudad-jardin* mittlerweile in ganz Europa verbreitet hatte.

Außenräume miteinander verbunden sind, um die nachbarschaftlichen Beziehungen zu fördern.

Powell und Moyas Churchill Gardens in London (1947–60) präsentieren entlang der Themse einige hochelegante Plattenbauten. Die Apartments der neunstöckigen Wohnblöcke sind über freistehende, verglaste Treppenhäuser zugänglich, die im rechten Winkel zum Hauptgebäude stehen. Die ›Schiffsästhetik‹ des Baus – runde Formen, Eckterrassen mit Reelings usw. – erinnert stark an Le Corbusiers Unités.

Das Citrohan Haus

Für Le Corbusier war der Wohnungsbau Teil der Städteplanung und umgekehrt. Das Citrohan-Haus (1924) hatte zwei tragende Wände und einen Wohnraum von doppelter Zimmerhöhe und einer entsprechenden Terrasse. Diese Einheit konnte entweder als Reihenhauselement oder als Doppelapartment in einem vielstöckigen Wohnblock eingesetzt werden. Das Haus wurde 1925 in der Pariser Ausstellung als ›Pavillon de l'Esprit Nouveau‹ präsentiert und überraschte mit einem durch das Dach wachsenden Baum.

Bausteine

Auch viele andere Architekten hatten Gelegenheit, öffentliche Wohnprojekte mitzugestalten und entwickelten dabei neue Wohnmuster. Denys Lasdun (geb. 1914) entwarf in den 1950ern einen ›Guppen-Block‹, dessen

Auf dem Dach der Unité d'Habitation, das auch als Erholungsareal gedacht ist, ragt ein riesiger trichterförmiger Schlot empor.

1900–13 In der europäischen Malerei konkurrieren Kubismus, Fauvismus, Futurismus und seit neuestem auch der Expressionismus miteinander.

1913 Der Dichter Guillaume Apollinaire (1880–1918) dominiert die surrealistische Bewegung. Mitunter sieht man ihn in Paris beim Spaziergang mit seinem Hummer.

1924 An ihrem neuen Standort in Dessau konzentriert sich die Bauhaus-Schule unter Gropius auf Architektur und Industriedesign.

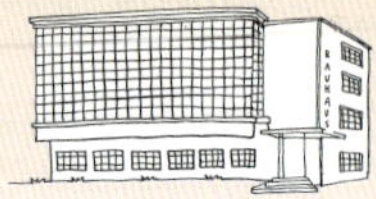

1918–1960

›A Star is Born‹

Mies van der Rohe

»Ich will nicht interessant sein; ich will gut sein.« Ludwig Mies van der Rohe (1886–1969), von dem dieser Ausspruch stammt, gelang beides. Er baute in der ersten Hälfte des 20. Jh. sowohl in Europa wie in den USA und schuf eines der bedeutendsten Gebäude der Moderne, den Deutschen Pavillon auf der Internationalen Ausstellung in Barcelona von 1929. Sein Grundsatz »Weniger ist mehr« zeigt sich deutlich in der strengen Schlichtheit seiner Gebäude, die leicht über ihre Eleganz und über die subtilen Maßverhältnisse hinwegtäuscht.

Das völlig verglaste Seagram Building in New York (1954–58) von Mies van der Rohe and Philip Johnson war seinerzeit ein neues architektonisches Symbol.

Der Deutsche Pavillon hat sich mit seinem malerischen Ansatz, kühl anmutende Ebenen und Geraden als Ausdruck von Raum und Geschlossenheit zu verwenden, aus den früheren De-Stijl-Arbeiten heraus entwickelt. Durch den Einsatz ausgesuchter Materialien – Marmor, Onyx, Glas und Stahl – demonstriert Mies van der Rohe hier, daß Architektur durch materielle Präsenz außerordentliche Lebendigkeit und Kraft erlangen kann. Der Bau ist vom Maßstab her klein, eingeschossig und hat einen schlichten rechteckigen Grundriß. Das Flachdach wird von einer Säulenreihe getragen, die Wände scheinen fast willkürlich eingefügt.

Es zählt nicht nur das, was man tut...

Mies fiel die Aufgabe zu, das Bauhaus in seiner letzten Phase von 1930–33 während des Umzugs von Dessau nach Berlin zu leiten. Obwohl Mies äußerst pragmatisch war, das Bauhaus in ein Architekturinstitut umwandelte und auf viele Ausbildungselemente verzichtete, um die Einrichtung zu erhalten, mußte er schließlich vor der Unnachgiebigkeit der Nazis kapitulieren. Sie betrachteten das Bauhaus als Brutstätte des ›Kulturbolschewismus‹. Dessenungeachtet nahm Mies an Architekturwettbewerben der Nazis teil und warb wie Furtwängler und der Bildhauer Ernst Barlach Stimmen für die Partei. Als er Deutschland schließlich doch verließ und nach Amerika ging, tat er das für eine gutbezahlte Stelle in Chicago; er betrachtete sich nicht als politischen Flüchtling, sondern nur als Architekten, der seinen Lebenunterhalt verdienen mußte. Obwohl er kein Anhänger der Nazis war, war er doch eindeutig ein Opportunist und als solcher des öfteren prinzipienlos.

1933 Merian C. Cooper produziert *King Kong*, ein Film mit einem gigantischen Affen und der Schauspielerin Fay Wray in den Hauptrollen.

1961 Der Russe Jurij Gagarin ist der erste Mensch im All. Er fliegt in 90 Minuten und in einer Höhe von 301 km einmal um die Erde.

1963 Präsident John F. Kennedy wird bei einem Attentat in Dallas erschossen.

Abgehoben

Zwei weitere Gebäude aus einer späteren Phase, das Farnsworth House, Fox River, Illinois (1949–51), und die Neue Nationalgalerie, Berlin (1962–68), zeugen von Mies' anhaltend intensiver Beschäftigung mit denselben Gedanken. Das Farnsworth House radikalisiert die Idee der horizontalen Ebene. In diesem eingeschossigen Gebäude wird der Boden gerade so weit von Stützen angehoben, daß er zu schweben scheint. Dieser Eindruck der Abgehobenheit, der völligen Loslösung von der Struktur, wird noch dadurch verstärkt, daß die Stützen am Gebäuderand stehen.

Die Nationalgalerie in Berlin hat ringsum Glaswände, die den Blick auf die Unterseite des von wenigen Säulen getragenen dominanten Daches freigeben. Im Kontrast zum hellen, luftigen und offenen Erdgeschoß findet sich darunter ein von Mauern umgebener Garten, ein abgeschlossener Ort.

Die Berliner Neue Nationalgalerie – ein schlichtes, elegantes Beispiel für Mies' Stil, bei dem Ingenieurskunst und Architektur erfolgreich ineinandergreifen.

NAMEN AN DER WAND

1927 organisierte **Mies van der Rohe** die Ausstellung ›Die Wohnung‹, die die besten Ideen der Moderne zum Problem des sozialen Wohnungsbaus präsentierte. 1946 begann Knoll Associates damit, Möbel nach Entwürfen führender Europäer zu vertreiben. Mies überschrieb die Produktionsrechte seiner inzwischen zu Klassikern gewordenen Werke aus den 20er Jahren an Knoll. Zur gleichen Zeit wurden Wolkenkratzer immer kostengünstiger und damit für Unternehmen zunehmend interessanter. Die spiegelnden Glastürme – einst Teil einer sozialen Vision – waren zu Tempeln des Kapitals geworden.

Glashäuser

Das Seagram Building in New York, das Mies zusammen mit Philip C. Johnson entwarf, ist ein turmartiges Bürohaus mit Bronze- und Marmorflächen über einem weiten Platz. Die Qualität des Materials und die Perfektion im Detail wirken stärker als jede Form oder Verzierung. Bei den Lake Shore Drive Apartments in Chicago (1950–52) wurde dasselbe Konzept erfolgreich auf die Wohnraumgestaltung übertragen.

Ein Spätzünder

Mies hatte keine Ausbildung als Architekt. Die Grundlagen lernte er bei seinem Vater, der Maurermeister war; später ging er bei dem Möbeldesigner Bruno Paul in die Lehre und arbeitete dann im Büro des Architekten Peter Behrens. Nach einigen Jahren dort übernahm er eigene Aufträge und entwarf vor allem romantisierende und neoklassizistische Gebäude. Erst am Ende des Ersten Weltkriegs begann er sich für die Moderne einzusetzen.

1953–54 In Großbritannien wird der Ausdruck ›Brutalismus‹ für die neue Betonarchitektur geprägt, die das Material kompromißlos offenlegt.

1954 John Cage führt den Minimalismus in die Kunst ein Sein Stück *4' 33"* sorgt in den Konzertsälen für eine lautlose Revolution.

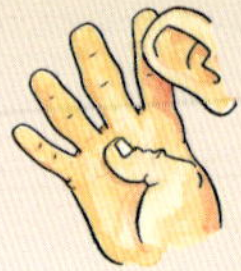

1954 In Großbritannien wird die seit dem Zweiten Weltkrieg bestehende Lebensmittelrationierung aufgehoben.

1930er

Tecton & Co.

Modernismus in Großbritannien

Die Entwicklung des britischen Modernismus ist mit den Namen mehrerer einflußreicher europäischer Architekten verknüpft, die sich auf dem Weg in die USA befanden. Gropius und Breuer ebenso wie Chermayeff und Mendelsohn vollendeten während ihrer kurzen Zwischenaufenthalte in Großbritannien Bauprojekte.

Berthold Lubetkin (1901–1990), ein gebürtiger Russe, der sich 1931 in London niedergelassen hatte, war ein Gründungsmitglied einer aus Architekten bestehenden Gruppe, die sich der Entwicklung des Modernismus verschrieben hatte. Das bekannteste Werk der Tecton-Gruppe ist der Penguin-Pool im Londoner Zoo. Die Architektur kam den tatsächlichen Bedürfnissen der Tiere entgegen, statt ihren natürlichen Lebensraum auf romantisierende Art zu simulieren.

Dünne geschwungene Wände bilden einen elliptischen Rahmen, der das Becken umfängt, das mit einer doppelläufigen, spiralförmigen Rampe verziert ist. Nie zuvor war Beton so dünn gegossen worden, und die völlig stützenlose Rampe scheint der Schwerkraft enthoben zu sein. Die fortlaufenden Windungen der Rampe, der Stufen und des Beckens unterstreichen den Eindruck ständiger Bewegung.

Schlichter, ovaler Grundriß

Wechselnde Mauerhöhe

Der Penguin Pool (1935) im Londoner Zoo wurde von Lubetkin und Lindsey Drake gestaltet.

Gesundheit

Tecton schuf noch verschiedene andere bedeutende Gebäude. Im Finbury Health Centre (1938–39) veranschaulichten ein Wandgemälde und diverse Skizzen die Vorzüge von frischer Luft, Tageslicht und Sonne. Das Gebäude selbst mit seinen aus Glasbausteinen errichteten Wänden und seiner schwungvollen weißen Form ist geradezu symbolisch für den Gesundheit und Fitness propagierenden Zeitgeist.

1954–58 Pier Luigi Nervi arbeitet an seinem UNESCO-Gebäude in Paris, das völlig in Betonbauweise errichtet wird.

1956 Großbritannien erläßt den ›Clean Air Act‹, nachdem in einem Winter mehrere Tausend Londoner an Smog sterben.

1957 Die UdSSR schickt ihre ersten Erdsatelliten, Sputnik I und Sputnik II, ins All. Die USA folgen 1958 mit Explorer I.

Zwei bemerkenswerte Londoner Bauten im selben funktionalistischen Stil des Modernismus sind das von Ellis und Clark errichtete Gebäude des Daily Express in der Fleet Street (1933) sowie der von Slater, Moberly, Reilly und Crabtree stammende Peter Jones Department Store am Sloane Square (1936). Aber das eigentliche Symbol des Britischen Modernismus ist der De La Warr Pavilion in Bexhill on-Sea von Mendelsohn und Chermayeff (1935) mit seiner betonten Horizontalen, seiner Quaderform und den expressiven, runden Treppenhäusern aus Glas.

Der Modernismus wurde in Großbritannien nur von den progressiven Architekten übernommen. Die Tecton-Wohnungen in Highgate, High Point I und II, folgen alle den von Le Corbusier vertretenen Prinzipien, doch die meisten der in den 1930er Jahren errichteten Gebäude imitieren lediglich formale Aspekte wie die geometrischen Formen oder die weißen Wände.

Mendelsohn und Chermayeff müssen den Einwohnern von Bexhill-on-Sea, Sussex, mit ihrem De La Warr Pavilion einen Schock versetzt haben.

The Festival of Britain

Das Festival of Britain von 1951 umfaßte zahlreiche Ausstellungen und Gebäude, die diese beherbergten. Ein entschieden moderner Bau ist die Royal Festival Hall. In ihrer Mitte erhebt sich der von Säulen getragene, von den darunter und rundherum gelegenen Foyers völlig abgetrennte, umschlossene Raum der Konzerthalle. Die RFH war das erste von mehreren äußerst gelungenen Gebäuden, die der Kunst auf der Londoner South Bank eine neue Heimat bieten sollten. Die durch das LCC Architect's Department errichtete Hayward Gallery (1964) und das National Theatre (1967) von Denys Lasdun etwa gehen mit ihren Foyerräumen geradezu eine Verbindung mit dem Flußufer der Themse ein. Dasselbe, auf den Idealen des Modernismus aufbauende Vokabular läßt sich auch in dem von David R. Aberdeen an einer dicht besiedelten Stelle errichteten Congress House beobachten (1953–60). Das Gebäude hat einen zentralen Hof, der dafür sorgt, daß die Büros und Konferenzräume Tageslicht erhalten. Der Boden des Hofes ist zugleich das Glasdach des Konferenzsaals darunter.

NAMEN AN DER WAND

Marcel Breuer (1902–1981) machte auf seinem Weg von Ungarn in die USA einen zweijährigen Zwischenstopp in England. Am geläufigsten ist sein Name immer noch im Zusammenhang mit dem Stahlrohrstuhl, den er während seiner Jahre am Bauhaus, wo er in den frühen 1920ern Tischlerei unterrichtete, entwarf. Der in Rußland geborene **Serge Chermayeff** (geb.1910) arbeitete mit Mendelsohn in England zusammen, bevor er 1940 in die USA emigrierte und dort vorwiegend als Lehrer tätig war.

1917 Als Finnland von Rußland unabhängig wird, ist Aalto neunzehn Jahre alt.

1927 Die Entdeckung von Öl im Irak führt zur wirtschaftlichen Entwicklung des Nahen Ostens.

1948 In Palästina wird der Staat Israel gegründet.

1920–1960

Das Nordlicht

Aalto

Alvar Aalto (1898–1976) galt seit 1929 als Teil der Architektur-Avantgarde, nachdem er mit Erik Bryggman an der 700-Jahrs-Ausstellung in Turku mitgearbeitet und an einer Versammlung der CIAM (Congrès Internationaux d'Architecture Moderne) teilgenommen hatte. Sein Frühwerk veranschaulicht am besten das Sanatorium in Paimio (1929–33) mit seinen flachen weißen Wänden und neuartigen Fenstern. Es besitzt die kühle Eleganz der besten Arbeiten des Modernismus.

Das Gemeindezentrum Säynätsalo wurde von Alvar Aalto zwischen 1949 und 1952 errichtet, nachdem er aus den USA nach Finnland zurückgekehrt war.

Aaltos spätere Arbeiten sind sehr ungewöhnlich. Wie viele andere Architekten der Nachkriegszeit entfernte er sich von den internationalen Vorgaben des Modernismus der dreißiger Jahre, um mit neuen Materialien und dem Verhältnis zwischen dem Gebäude und seinem spezifischen Umfeld zu experimentieren. Statt Beton und Stahl verwendete er Holz und Backsteinkonstruktionen. Während in Deutschland und Frankreich die Stahl- und Betonproduktion weiterentwickelt wurde, begann Finnland bedingt durch seine großen Holzvorkommen mit der Massenproduktion von Sperrholz und Schichtholzträgern. Die strikte Anwendung der Gesetze des Modernismus ermöglichte es Aalto, Projekte zu entwickeln, die in Beziehung zur geographischen Lage, Kultur und traditionellen Bauweise seiner Heimat Finnland stehen. Zwei Pavillons – für die Weltausstellung in Paris 1937 und die World Fair in New York 1939 – steigerten den internationalen Ruf Aaltos und führten zu einer Gastprofessur (1940–48) am Massachusetts Institute of Technology.

NAMEN AN DER WAND

Der wichtigste schwedische Architekt ist **Gunnar Erik Asplund** (1885–1940). Er entwarf die Stadtbibliothek in Stockholm (1920–28), die Ausstellungshalle in Stockholm (1930) und das Rathaus von Göteborg (1934–37). **Sigurd Lewerentz** (1885–1975) entwickelte einen etwas poetischeren Minimalismus, der sich in seinen Kirchen in Skarpnack (1960) und Klippan (1963) offenbart. **Ralph Erskine** (geb. 1914) ist berühmt für seine Wohnanlage Byker Wall in Newcastle (beg. 1969), bei der er die Bewohner aktiv in die Planung einbezog.

1956 Ingmar Bergmans Film *Das siebente Siegel* bringt den klassischen Modernismus Skandinaviens in die Kinos.

1971 Der Taschenrechner kommt auf den Markt. Ein erstes Modell wiegt stattliche 2,5 Pfund.

1976 Die Raumsonden Viking 1 und Viking 2 suchen auf dem Mars nach Leben.

Ein vielseitiges Talent

Aalto ist für seine Möbel aus gebogenem Sperrholz (ab 1932) ebenso bekannt wie für seine Architektur, weil er beides ›menschlicher‹ machte. Statt Stahlrohr à la Bauhaus bevorzugte er natürliche Materialien. Sein stapelbarer dreibeiniger Holzhocker, der erstmals 1937 auf der EXPO in Paris präsentiert wurde, ist heute ein Alltagsgegenstand. Oft wird auf Aaltos großes Einfühlungsvermögen hingewiesen. Nicht zu vergessen sind aber auch die großartigen Werke seiner Frau Aino, mit der er das Unternehmen Artek betrieb. Aaltos wegweisende Architektur verbindet Backstein und Holz ebenso diskret wie nachdrücklich.

1947 entwarf er dort das Baker House am Charles River.

Zwei Werke aus seiner Spätzeit verdeutlichen Aaltos Originalität. Als Teil seines Konzepts für Säynätsalo, eine neue Stadt mit 3 000 Einwohnern, entwarf Aalto das Rathaus und die Bibliothek (1950). Kleinformatige Backsteinbauten sind um einen offenen, mit Gras bewachsenen Hof gruppiert und vom Marktplatz aus über breite Stufen zugänglich. Das zwanglose Arrangement und der häusliche Maßstab kontrastieren mit der gängigen Vorstellung des Rathauses als imposantes Monument. Die Architektur von Säynätsalo symbolisiert nicht die Macht des Stadtrats, sondern die Demokratie: Sie ist ein wahrhaft öffentlicher Raum.

Die Vuoksenniska-Kirche in Imatra (1952–58) basiert auf einem ausgeklügelten Plan. Durch verschiebbare Trennwände läßt sich die Länge des Mittelschiffs der Größe der Gemeinde anpassen. Das Hauptdach ist in drei Gewölbe unterteilt, die von den umgebenden Wänden abgehoben sind, so daß darin verglaste Lichtgaden Platz finden. Der Eingang und weitere Nebenräume befinden sich an der Seite. Der hohe, schlanke Turm der Kirche ähnelt den Pinien, zwischen denen er steht.

Das Sanatorium in Paimio (1929–33) ist eines von vielen Gebäuden Aaltos, die zu Klassikern der Moderne geworden sind.

Fassade aus Stahlbeton

1912 Beginn der Zellophanherstellung und -vermarktung.

1917 Marcel Duchamp (1887–1968) ›findet‹ und signiert seinen *Brunnen*. Es handelt sich um ein Urinal.

1919 Walter Gropius übernimmt die Kunstgewerbeschule in Weimar und benennt sie in Bauhaus um.

1930er

Der Internationale Stil

Die amerikanische Moderne

›The International Style: Architecture since 1922‹ erschien erstmals 1922 anläßlich einer Ausstellung im Museum of Modern Art in New York. Das von Philip Johnson (geb. 1906) und dem Historiker und Architekturkritiker Henry Russell Hitchcock verfaßte Werk präsentierte die Arbeiten von Architekten wie Gropius, Le Corbusier, Rietveld und Mies van der Rohe und trug wesentlich zum hohen Bekanntheitsgrad der europäischen Architektur in den USA bei.

Kleine Stilkunde

Der Ausdruck ›The International Style‹ zeigt auch, daß diesem von vielen gehaßten Stil ein großes Potential innewohnt. Es gibt nur wenige Grundprinzipien: Volumen statt Masse, Regelmäßigkeit statt Achsensymmetrie; und die Verpflichtung zu arbiträr angebrachten Dekorelementen zur Betonung der Oberflächen.

Der Deutsche Pavillon für die Internationale Ausstellung in Barcelona von 1929 wurde von Mies van der Rohe entworfen.

Das Buch erläutert die ästhetischen Prinzipien des Internationalen Stils und illustriert diese anhand verschiedener existierender Gebäude: Raumvolumen (von dünnen Flächen umgebener Raum) statt Masse, Abwechslung statt Symmetrie, elegante Materialien, technische Vollkommenheit und angenehme Proportionen statt überflüssiger Dekorelemente. Weitere Kennzeichen des Stils sind glatte weiße Wände, strenge kubische Formen, große Glasflächen und eine offene Planung.

Die Architektur des Volks

Henry Russell Hitchcock hatte die Bezeichnung ›International‹ in Amerika ursprünglich benutzt, um bestimmte Werke von der ›modernen‹ Architektur oder der ›neuen Tradition‹ abzugrenzen, die seines Erachtens noch immer der Vergangenheit verhaftet waren, sich also mit Masse und Ornamentik befaßten, wenngleich mit eini-

1925 Das Vanderbilt-Haus in New York, bis vor kurzem noch das Flaggschiff des amerikanischen Beaux-Arts-Klassizismus, wird abgerissen.

1927 In Paris baut Adolf Loos für den Erz-Dadaisten Tristan Tzara ein Haus völlig ohne Schmuckelemente, nur aus Kuben.

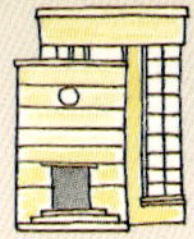

1938–42 J. J. P. Oud ›verrät‹ die Prinzipien von De Stijl. Sein Shell-Gebäude in Den Haag erhält den Spitznamen ›Beton-Rokoko‹.

gen Vereinfachungen. Der Internationale Stil knüpfte weder an die Architekturtradition noch an die Geschichte an und betonte Raum und Fläche statt Masse.

Der Begriff war in Europa im Kontext der sozialistischen und bolschewistischen Internationalen aufgekommen, die die Architektur als fundamentalen Bestandteil einer neuen sozialen Ordnung propagierten. ›International‹ stand für das Ideal größer werdender Gemeinschaften und das Ende der Nationalismen. Der Stil war bei verschiedenen Gebäudetypen angewandt worden, wurde aber besonders mit neuen, experimentellen Wohnformen assoziiert, bei denen die funktionalen und sozialen Aspekte der Gestaltung von vorrangiger Bedeutung waren. In Nordamerika wurde daraus die Formel für einen ästhetischen Stil, der sich mit nichts anderem als der Form befaßte. Bereits zwanzig Jahre später schrieb Hitchcock, der Internationale Stil sei vermutlich die größte Errungenschaft des 20. Jh. In den USA kam er vor allem bei Bürogebäuden zur Anwendung, die ein fester Bestandteil der Corporate Identity wurden und unternehmerischen Erfolg signalisieren sollen, was nicht der Ironie entbehrt, bedenkt man die ursprünglichen politischen und sozialen Intentionen der ›Internationalisten‹.

NAMEN AN DER WAND

Die von **Philip Johnson** 1934 im Museum of Modern Art organisierte Maschinenkunstausstellung präsentierte moderne Massenwaren und neue Materialien. Johnsons erster von der Kritik gerühmter Bau war sein New-Canaan-Haus (1949). Der von Mies van der Rohe inspirierte Kubus hat Glaswände. Doch Johnson beschränkte sich nicht auf die Ästhetik der Moderne. 30 Jahre später erhielt **Michael Graves** (geb. 1934) dank seiner Unterstützung den Zuschlag für ein neues städtisches Verwaltungsgebäude in Portland, Oregon, ein Auftrag, mit dem die Postmoderne offiziell als Teil des architektonischen Mainstream in Amerika anerkannt wurde.

Das von Gropius entworfene neue Bauhaus in Dessau (1925–26) sollte das organische Verhältnis zwischen den Einzelbereichen stärker betonen.

1925 Schallplatten tragen wesentlich zur Verbreitung der Jazzmusik bei.

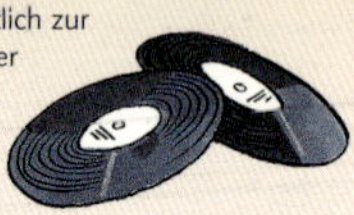

1926 Jean Cocteaus Poetenfeder entströmen moderne Versionen der Klassiker.

1927 Die Avantgardetänzerin Isadora Duncan kommt bei einem Autounfall ums Leben.

1925–1935

Das Jazz-Zeitalter

Art Deco

Das Innere der Radio City Music Hall im Rockefeller Center in New York wird von vielen verschiedenen stilistischen Einflüssen bestimmt.

Art Deco war die populäre Version der unterkühlten Raffinesse und Strenge der Moderne in den frühen dreißiger Jahren. Die Gebäude haben dieselben im Prinzip schlichten kubischen Formen und erzielen ihre dramatische Wirkung durch die Konfrontation horizontaler und vertikaler Elemente. Die diversen Raumkörper zeichnen sich häufig durch zurückgesetzte, abgestufte Formen aus.

Statt die Debatte zwischen Historisten und Modernisten fortzuführen, akzeptierte Art Deco die neuen Technologien, griff die Philosophie des Bauhauses auf und bediente sich einer beachtlichen Palette geometrischer Schmuckelemente, die vom Erscheinungsbild der Maschine inspiriert waren. Der sehr populäre Stil beeinflußte auch die Mode, Möbelgestaltung und Graphik und erhielt selbst viele Anregungen aus der Populärkultur, vom Autodesign (Stromlinienform), Film und Jazz.

Der Stil und sein Name gehen auf die Exposition des Arts Décoratifs et Industriels Modernes in Paris zurück. Robert Mallet-Stevens (1886–1945) war Gründungsmitglied der Union des Artistes Modernes, die den Stil in Europa propagierten.

Der kleine Unterschied

Manche Kritiker bezeichnen Art Deco als effeminiert, weil dieser Stil auch in der Damenmode nicht ohne Folgen blieb. Zweifelsohne waren die zwanziger Jahre das Jahrzehnt der Emanzipation der Frau. In europäischen Kunstschulen wurden Frauen kraft ihres Talents zu Bürgerinnen erster Klasse. Sie verstanden es aber auch geschickt, sich den Stil für ihre eigenen Zwecke anzueignen. Kurze Haare, flache Brüste, enganliegende Kleider – auch im androgynen Look manifestierte sich das Art Deco.

In Amerika, wo man von jeher neuen Technologien aufgeschlossener gegenüberstand, erlebte man während der Jazz-Ära eine zweite Bauwelle von Wolkenkratzern, die für die neuen wichtigen Geldgeber – die Großunternehmen – typisch sind. Raymond Hoods (1881–1934) McGraw-Hill Building (1929–31) und das Empire State Building von Shreve, Lamb & Harmon (1931) in New York sind Beispiele dieses neuen Typs. Am berühmtesten ist das Chrysler

1920er Die Wortneuschöpfung ›Flapper‹ bezeichnet die moderne junge Frau der 20er Jahre, die eine Bubikopffrisur trägt und sich unkonventionell verhält.

1929 Eröffnung des Museum of Modern Art (MoMA) in New York.

1933 Greta Garbo, die enigmatische schwedische Schauspielerin, spielt die Hauptrolle in *Königin Christina*.

Building (1930) von William Van Alen (1882–1954). Mit seiner Hommage an das Auto – funkelnde gehämmerte Metalltüren, Paneele aus rostfreiem Stahl und Kühlern nachempfundene Wasserspeier – ist es zum Symbol des Art-Deco-Stils geworden. Das Rockefeller Center ist städtebaulich äußerst innovativ. Die Büros befinden sich im RCA Building, dem höchsten Gebäude in der Mitte des drei Blocks umfassenden, von der Straße abgesetzten Komplexes. Auf Straßenniveau finden sich erstmals offene Räume und eine Ladengalerie. Im Inneren befindet sich die Radio City Music Hall – mit ihren exotischen Holzfurnieren, Spiegeln, poliertem Metall und subtiler Beleuchtung Inbegriff der Opulenz der dreißiger Jahre.

gypten

as alte Ägypten war ine wichtige Inspiraonsquelle für das Art eco, vor allem in den SA. Ein Blick ins Niltal it seinen Pyramiden, en Säulen von Luxor, en reich inkrustierten haraonengräbern und en prächtigen Farben ßt dies verständlich erden. Als 1923 utenchamuns Grab ntdeckt wurde, weiterte sich das chmuckrepertoire eträchtlich. Diese Motive, für die sich eist keine genauen uellen benennen ssen, finden sich berall in den USA. ber es gab auch chte ägyptische bjekte wie die ythischen aubtiere an den ngangshallen und en abschließenden esimsen amerianischer Wolkenatzer.

Das Empire State Building ist zum Symbol Manhattans geworden.

Der 70stöckige Mitteltrakt des Rockefeller Centers, das RCA (jetzt GE) Building (1934). Im Vordergrund Paul Manships Statue des Prometheus.

NAMEN AN DER WAND

Die Hoover-Fabrik (Western Avenue, London) von **Wallis, Gilbert and Partners** (1932–38) muß hier stellvertretend für alle Art-Deco-Fabrikfassaden stehen, von denen viele heute nicht mehr existieren, die aber in Südengland in den 1920ern und den 1930ern zahlreiche Straßen zierten. Mit ihrer klassischen geneigten Fassade, den leuchtenden Farben und dem mit Sternen übersäten Eingang verströmt sie die Zuversicht derjenigen, die neue Produkte für ein neues Zeitalter produzieren.

1956 Die Pop-art betritt mit einer Mixtur aus Werbebildern und Ironie die Kunstszene.

1955 Bill Haleys *Rock Around the Clock* und Jive werden die Hits der Fünfziger.

1955. Die Musique concrète mit ihrer Mischung aus aufgezeichneten und natürlichen Klängen droht, Musiker überflüssig zu machen.

1950er

Et tu, Brute?

Brutalismus

Der Ausdruck ›Brutalismus‹ stammt aus Großbritannien und wurde von Alison und Peter Smithson (geb. 1928 und 1923) geprägt, die sich wie viele andere junge Architekten schwer taten, Aufträge in einem Beruf zu erhalten, der von der etablierten älteren Generation dominiert wird. Die leicht ironische Bezeichnung bezieht sich auf den puritanischen Ansatz einer jüngeren Generation, die sich den extrem modernistischen Prinzipien des sichtbaren, aufrichtigen Ausdrucks von Strukturen und Materialien verschrieben hatte.

Kleine Stilkunde

- Verwendung von Beton zur Gestaltung unterschiedlicher Formen
- Die Oberflächenstruktur des Betons weist Spuren des Herstellungsprozesses auf
- Strenge, kompromißlose Monumentalität der Formen
- Ungeschönte Präsentation des Materials und der Gebäudeausstattung

Beton: der große Favorit.

Die High School in Hunstanton, Norfolk, wurde von Mies van der Rohes Arbeit für das MIT beeinflußt.

Die Hunstanton-Schule in Norfolk (1949–54) bildet den Anfang des britischen Brutalismus. Hier trieben die Smithsons ihre Vorstellungen von Materialtreue auf die Spitze. Sie legten nicht nur die Werkstoffe offen, sondern auch die Ausstattung: Röhren, Wasserleitungen und Monturen. Ihr Einfluß wurde noch größer durch die Beteiligung an Gruppen wie ›Team X‹ (innerhalb der CIAM) und ›The Independent Group‹. Von ihren realisierten Bauten sind das Economist Building (1964) und die Robin Hood Gardens (1972), beide in London, besonders innovativ. Die Maisonettewohnungen und Hochstraßen der Robin Hood Gardens sind ein gutes Beispiel für eine auf den Prinzipien Le Corbusiers beruhenden Bauweise.

1957 Die Beatgeneration erhält eine Stimme: Jack Kerouacs *On the Road* wird veröffentlicht.

1959–63 Die britischen Architekten Stirling und Gowan erweisen sich bei ihrem Entwurf für das Department of Engineering der Leicester University als äußerst ›brutal‹.

1962 Die USA befördern Telstar, den ersten Telekommunikationssatelliten, ins All.

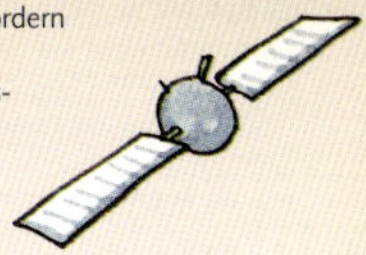

Der kontinentale Brutalismus

Die andere Verwendung des Begriffs ist aus dem französischen ›béton brut‹, wörtlich: Rohbeton, abgeleitet. Im Gegensatz zu den makellosen, kühlen Kuben des Modernismus der Dreißiger, der sich die monolithischen Eigenschaften des Betons zunutze machte, um präzise, weiße Ebenen und Oberflächen zu erzeugen, begannen Architekten in den späten vierziger und fünfziger Jahren mit den plastischen Eigenschaften von Beton zu spielen. Mit entsprechender Stahlverstärkung ließ sich Beton vor Ort in jeder beliebigen Form und Stärke zu Bögen und Rampen gießen. Darüber hinaus besitzt Beton eine variable Oberflächentextur, je nachdem, in welcher Schalungsform aus Holz oder Metall man ihn gießt.

Mehrere Gebäude Le Corbusiers gehören in diese Kategorie und spiegeln seine Abkehr vom rationalistischen Formalismus der frühen Moderne wider. Die Unité d'Habitation in Marseilles, der Höhepunkt von Le Corbusiers Ambition, die Idee der Stadt oder Vorstadt in einer einzigen Struktur neu zu erfinden, wurde in Beton gebaut. Die Grundstruktur, einschließlich der enormen Piloten, die den Bau tragen, wurde vor Ort aus Beton gegossen. Die Astlöcher im Holz der Verschalung sind deutlich sichtbar und verleihen der Oberfläche ein surrealistisches Gepräge.

›rutalismus

›er Begriff ›Brutalismus‹ meint keine ›igenständige Bewegung, sondern jene ›urze Phase, in der der ›ffene Ausdruck der ›onumentalität von ›eton als nützlich und ›ünschenswert galt. ›ie Entscheidung für ›ine brutalistische ›sthetik auf Londons ›outh Bank wirkt ›onisch, wenn man ›edenkt, daß das ›estival of Britain, das ›rsprünglich dort stattand, das Ende der ›riegs-Tristesse marieren sollte. Die wenig ›inladenden Fußwege ›nd grauen Flächen ›elten heute allgemein ›ls mißlungen. Aber ›afür kann Denys ›asduns sehenswertes ›ational Theatre ›irklich nichts.

Das Äußere der Hayward Gallery (1964) mit seiner Kombination aus vorgefertigten und vor Ort gegossenen Betonoberflächen.

1953 Die Theorie der Plattentektonik entsteht. Sechs große und mehrere kleine Platten bilden die Erdkruste. Entlang der ›Nähte‹ entstehen Erdbeben und Vulkane.

1956 In der Sonnenstrahlung entdeckt man endlich das Neutrino, ein Teilchen ohne elektrische Ladung und fast ohne Masse. Seit 1931 hatten die Physiker danach gesucht.

1958 Der französische Anthropologe Claude Lévi-Strauss (1908–1959) verfa seine *Strukturale Anthropo logie*, in der er eine univer-sale, allen Gesellschaften g meinsame Struktur postulie

1950–1970

Der Strukturalismus macht Ernst

Ordnung à la carte

Den Strukturalisten zufolge ist die Architektur der Moderne zu glatt, räumlich schlecht definiert, neutral und berücksichtigt zuwenig die Bedürfnisse der Bewohner. Expressionismus und Formalismus hingegen sind zu subjektiv, zu emotional und idiosynkratisch. Die Strukturalisten schlagen einen Mittelweg vor – verständliche Komplexität. Ein nicht-hierarchischer, ›struktureller‹ Rahmen stellt die Ordnung her, innerhalb derer Flexibilität und individuelle Auswahl möglich sind.

Cool bleiben

Hertzbergers Centraal Beheer hat den Bürohausstil des 20. Jh. maßgeblich beeinflußt. Seine Fähigkeit zur humaneren Formgebung durch das Aufbrechen großer Innenräume hat er auch im Musikzentrum von Vredenburg unter Beweis gestellt. Hertzbergers bewußt anti-elitäre Verwendung schlichter Materialien – Betonklötze etwa – hat ihm den Vorwurf eingetragen, dies sei geradezu eine Einladung für Graffitisprayer. Zugleich wird aber auch die Kantigkeit und Robustheit seiner Gebäude gelobt. Wie man's macht …

Die Centraal-Beheer-Büros in Apeldoorn, Niederlande (Herman Hertzberger), bieten den Angestellten außen wie innen benutzerfreundliche Räume.

Der Strukturalismus in der Architektur ist weitgehend auf Holland und auf Architekten wie Aldo van Eyck (geb. 1918), Herman Hertzberger (geb. 1932) und Piet Blom (geb. 1934) beschränkt, auch wenn sich die Grundidee, Abwechslung und Komplexität mit einem strukturierenden Rahmen zu verbinden, in den Werken anderer moderner Architekten findet. Zwischen 1959 und 1963 gab Aldo van Eyck mit Hertzberger und Joseph Bakema die Zeitschrift *Forum*, das Sprachrohr dieser Richtung, heraus. Van Eyck und Bakema waren Mitglieder von ›Team X‹, das 1956 die Autorität des CIAM in Frage stellte und damit dessen Einfluß nachhaltig schmälerte.

1966 *Mlle. Ravpoux*, ein Porträt des holländischen Malers Vincent van Gogh (1853–1890), wird für $ 441 000 bei Christie's in London versteigert.

1969 Die britische Chemikerin Dorothy Hodgkin (geb. 1910) ermittelt den dreidimensionalen Aufbau des Insulin-Moleküls.

1974 Das amerikanische Mondfahrtprogramm wird beendet; die wissenschaftlichen Mittel fließen in die Umweltforschung.

Die Kunsthal in Rotterdam (1992), ein von schrägen Rampen durchkreuzter Block, wurde vom Office for Metropolitan Architecture entworfen.

Strukturalistische Strukturen

Die wabenartigen Apeldoorner Büros der Centraal Beheer von Hertzberger (1968–74) basieren auf der Idee des Büros als Gemeinschaftsort. Die Innenräume sind nur teilweise abgegrenzt und bleiben sichtbarer Teil des Ganzen – der Reiz eines labyrinthischen Gebäudes, ohne die Angst, sich zu verlaufen. Das Äußere ist für ein Bürogebäude ungewöhnlich – ein Durcheinander dichtgedrängter Kuben, die an ein mexikanisches Indiodorf erinnern. Das Städtische Waisenhaus (1958–60) von Aldo van Eyck wurde als kleine Stadt mit unterschiedlich großen Bauten konzipiert. Piet Bloms ›Kasbah‹-Siedlung in Hengelo (1965–73) und das 't Speelhuis-Gemeindezentrum und Wohnhaus in Helmond (1975–78) zeugen mit ihren dichtgedrängten Häusern und freien offenen Plätzen von der Weiterentwicklung des Strukturalismus im Bereich der Stadtplanung.

Theoriegebäude

Der Strukturalismus geht auf den Begründer der modernen Sprachwissenschaft, den Schweizer Ferdinand de Saussure (1857–1913) zurück, der erklärte, die Sprache sei eine Struktur – ein Zeichensystem oder Kode – und erhalte nur im Bezug auf sich selbst und die ihr innewohnenden Differenzierungen einen Sinn. Der Anthropologe Claude Lévi-Strauss (1908–1959) übertrug diesen Gedanken auf alle kulturellen Prozesse. Auch dem architektonischen Prozeß liegen demnach ahistorische Strukturen zugrunde, und das Entwerfen und Gestalten von Gebäuden und Räumen ist lediglich eine Suche nach diesen Strukturen.

1938 Mies van der Rohe wird Professor für Architektur in Chicago und macht die Studenten mit dem Modernismus vertraut.

1948 In Großbritannien entsteht der Nationale Gesundheitsdienst – für viele eine Schocktherapie.

1950 Der Abstrakte Expressionist Jackson Pollock erregt mit seinen ›Drip Paintings‹ großes Aufsehen.

Glasmenagerien

Wolkenkratzer

Hohe Gebäude widersetzen sich einer stilistischen Zuordnung. Normalerweise sind sie völlig verglast und haben Klimaanlagen. Bemerkenswert werden sie nur dann, wenn sie, für wie kurze Zeit auch immer, den Titel ›höchstes Gebäude der Welt‹ erhalten. Seit den frühen Hochhausbauten der Chicago School in den dreißiger Jahren haben aber nur noch wenige Wolkenkratzer eine Begeisterung hervorgerufen wie das Empire State Building oder die tektonischen Qualitäten erreicht wie das Seagram Building von Ludwig Mies van der Rohe und Philip Johnson.

Das Lever House in New York (1952), das die Büros in einem gegen die Straße abgesetzten Glasblock unterbringt und sich über einem zweigeschossigen Podium erhebt, wurde oft kopiert. Louis Skidmore (1897–1962), Nathaniel Owings (1903–1984) und John Merrill (1896–1975), deren Kooperation auf einem unter dem Namen SOM bekannten neuen kommerziellen Modell beruhte, begründeten ihren Ruf mit diesem Gebäude. Seit ihrer Entwicklung raffinierter Stahlbautechniken haben SOM noch viele andere Gebäude vollendet, darunter das John Hancock Center, in dem erstmals verschiedene Nutzungsbereiche im selben Gebäude vereint wurden, und den 457 m hohen Sears Tower (1974), beide in Chicago.

Das World Trade Center in New York (1974) von Minoru Yamasaki (1912–1986) hat zwei identische, wohl-proportionierte

Auch nach 25 Jahren waren Skidmore, Owings und Merrill noch innovativ. Ihr John Hancock Center in Chicago (1970) ist der Beweis.

1952 Die Amerikaner testen die erste Wasserstoffbombe. In amerikanischen Städten explodieren im gleichen Jahr mehrere Bürogebäude.

1956 Die Protagonisten von John Osbornes Stück *Blick zurück im Zorn* sitzen in altmodischen Küchen herum.

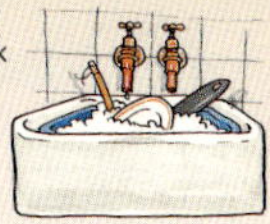

1957 Das Wort ›Beatnik‹ geht in die englische Sprache ein.

Türme mit einem quadratischen Grundriß. Die Fassaden sind durch eng beieinanderstehende Zwischenpfosten gegliedert, die äußerst stabil wirken und auf spektakuläre Weise das Sonnenlicht spiegeln. Die einzigartige Lage am äußersten Rand Manhattans wird leider durch mehrere mittelmäßige postmoderne Bauten beeinträchtigt, die dort in der Zwischenzeit entstanden sind.

Neue Entwicklungen

Nach wie vor ist der Wolkenkratzer ein ergiebiges technologisches Forschungsgebiet. In Schanghai, China, hat Kenneth Yeang ein Beispiel für reduzierten Energieverbrauch gegeben. Durch die versiegelte Fassade des Wolkenkratzers scheint eine Klimaanlage im Inneren unvermeidlich. Dennoch ermöglicht eine mehrschichtige Fassade, bestimmte Gebäudebereiche zu verschiedenen Jahreszeiten zu Heiz- und Belüftungszwecken zu öffnen. Mit Bäumen bepflanzte, mehrere Stockwerke umfassende ›Wolkenhöfe‹ versorgen die Luft mit Sauerstoff. Dieser Entwurf ist nicht nur eine Reaktion auf praktische Erfordernisse, sondern erinnert zugleich an alte chinesische Traditionen.

Yamasakis World Trade Center in New York, mit seinen eleganten Zwillingstürmen, stellt den Höhepunkt seiner Arbeit dar.

Höchstleistungen

Die höchsten Gebäude der Welt scheinen von einem einzigen Mann entworfen worden zu sein: Cesar Pelli (geb. 1926), von dessen Zwillings-Wolkenkratzern in Kuala Lumpur es heißt, sie seien wesentlich höher als sein wenig ansehnlicher, vertikaler, 244 m hoher Obelisk aus rostfreiem Stahl an der Canary Wharf in London, der das zweithöchste Gebäude in Großbritannien, ja in ganz Europa ist. Der Titel ›höchstes Gebäude der Welt‹ wird in unregelmäßigen Abständen neu vergeben und wegen der Schwäche der Amerikaner für Wolkenkratzer scheint er meist in den USA zu bleiben. Mit seinen 300 m ist der Eiffelturm klein im Vergleich zum Empire State Building, das selbst nicht das erste Gebäude war, das sich mit 381 m gen Himmel reckte. Und auch die Türme von Yamasakis World Trade Center (411,5 m) sind längst überrundet worden. Was bleibt, ist der geheimnisvolle Nimbus der Zwillinge und die Faszination des ›Immer höher, immer weiter‹.

Im Untergrund

Vom Standpunkt des ausgehenden 20. Jh. muß man auch die Entwicklung der ›Erdkratzer‹ erwähnen. Mitte der achtziger Jahre lebten bereits 5 000 amerikanische Familien zumindest teilweise unter der Erde, und in Oklahoma gab es 27 unterirdische Schulen. Wo die Wetterlage schwierig, Bauland rar und Planungsvorschriften rigide sind, scheinen Ausschachtungen sinnvoll. Der britische Architekt Arthur Quarmby bewohnt ein von Erde umgebenes Haus in Yorkshire (1975 fertiggestellt). Man hat sich nicht gerade darum gerissen, ihm nachzueifern, doch je mehr sich unser Lebensraum verschlechtern wird, desto eher wird man sich auch wieder an die tunnelgrabenden Ökoaktivisten erinnern.

1966 Norditalien wird von einer Flut heimgesucht. Dabei werden in Florenz und Venedig unersetzliche Kunstschätze zerstört.

1967 Robert Venturi veröffentlicht *Komplexität und Widerspruch in der Architektur.*

1968 Der amerikanische Bürgerrechtler Martin Luther King, der sich für die Gleichbehandlung der Rassen einsetzt, wird ermordet.

1960er

Immer schön vernünftig

Neorationalismus

Die intellektuellen Prinzipien des Neorationalismus vereinen Renaissancetheorien mit Überlegungen zu Vernunft und Logik, die im frühen 20. Jh. angestellt wurden. Schönheit entsteht demnach aus Ordnung, Wahrheit und Vernunft und nicht aus barocken Illusionen oder expressionistischer Symbolik. Die Architektur verfügt als Wissenschaft über ihre eigenen Gesetze, die man durch die Analyse der wildwuchernden Stadt als Verkörperung der Geschichte und der Gebäude als einer Reihe von Archetypen ergründen kann.

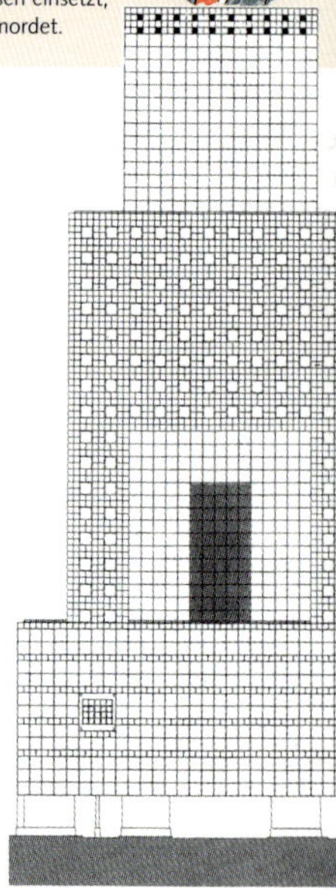

O. M. Ungers' Entwurf für den Eingang zur Frankfurter Messe.

Diese zeitgenössische Bewegung verbindet sich primär mit italienischen und deutschen Architekten. Aldo Rossi (geb. 1931) ist ihr Hauptvertreter. 1966 veröffentlichte er seine Theorie *L'Architettura della città*, auf die er 1973 *Architettura razionale* (mit Beiträgen anderer Autoren) folgen ließ. Im Gegensatz zum ›falschen Einbalsamierungsprozeß‹ der historischen Restaurierung werden seine Gebäude sorgfältig in Beziehung zu den umgebenden Strukturen der Stadt geplant.

Das Theater des Lebens

Die Wohnanlage im Viertel Gallaretese in Mailand (1969–78) ist eine kühne Komposition: Eine nahezu offene Fassade mit Arkaden auf Höhe der Straße und Loggien und Höfen darüber ermöglicht den direkten Kontakt zwischen den Bewohnern und den Kunden des angrenzenden Straßen-

NAMEN AN DER WAND

Rossis Buch *L'Architettura della città* (1966) und **Jane Jacobs** *Tod und Leben großer amerikanischer Städte* (1961) betonen die gelebte Erfahrung städtischer Räume und die Wichtigkeit der Vielfalt im Aufbau einer Stadt. Darüber hinaus favorisieren sie die Wiedereingliederung sanierungsbedürftiger Gebäude gegenüber radikalen Neuentwicklungen. **J. P. Kleihues** setzte sich für die Altbau-Sektion des IBA-Projekts von 1977 in Berlin ein, das die ökonomischen Bedürfnisse und die ästhetischen Wünsche der Bewohner stärker berücksichtigte. Es ist bezeichnend, daß über diese Altbauprojekte in Architekturzeitschriften wenig zu lesen war.

1969 Das hochgiftige Insektenvernichtungsmittel DDT wird in den USA verboten.

1971–76 Aldo Rossi entwirft sein Meisterwerk, einen Friedhof in Modena; der Bau wird erst 1980 begonnen.

1973 Ost- und Westdeutschland nehmen wieder diplomatische Beziehungen auf.

Gegen Gropius

Der Neorationalismus stellt viele Auffassungen Walter Gropius' radikal in Frage. In seiner Bauhausideologie hatte dieser historische Architektur weit von sich gewiesen und statt dessen besonders die Notwendigkeit der individuellen Imagination hervorgehoben. Drei einflußreiche Bücher, die zwischen 1961 und 1969 veröffentlicht wurden, setzen sich unabhängig voneinander kritisch mit dieser Auffassung auseinander. Zwei Amerikaner, Jane Jacobs und Robert Venturi, und der Ägypter Hassan Fathy kritisieren darin von ihrem jeweiligen Standpunkt aus – New York, Princeton, Kairo – die Glas-, Stahl- und Betonarchitektur. Sie lehnen die unpersönlichen Hochhäuser ab und treten für volksnahe Architekturformen ein, bei denen die realen Bedürfnisse der Menschen im Vordergrund stehen und Funktion und Nutzen der Gebäude Vorrang vor anderen Aspekten haben sollten.

marktes. In seinem Grundschulgebäude in Falgano Olana (1972) finden sich andere doppeldeutige Hinweise auf das, was Rossi das ›Theater des Lebens‹ nennt. Die Schulhoftreppen fungieren auch als Sitzflächen; eine riesige Uhr zeigt die aktuelle Zeit an, bezieht sich aber auch auf die Zeit der Kindheit; die Bücher für den Unterricht sind ihrerseits Teil der zylinderförmigen Bibliothek, die wiederum Teil der Schule mit dem Schulhof als Spielplatz der Kinder ist. Die Idee des Spektakels – die Wechselbeziehung zwischen dem Publikum, das zuschaut und dem zugeschaut wird – ist fester Bestandteil seiner Projekte und zahlreichen Zeichnungen.

In Deutschland stehen Oswald Mathias Ungers (geb. 1926), Josef Paul Kleihues (geb. 1933) und die Brüder Léon (geb. 1946) und Robert (geb. 1938) Krier für die neorationalistische Bewegung. Unter der Leitung von Kleihues ermöglichte das Berliner Büro der Internationalen Bauausstellung die Realisierung städteplanerischer Ideen in größerem Rahmen. Der Ausstellung liegt ein ganzer Katalog rationaler Typologien und Archetypen zugrunde, mit denen die verschiedenen Projekte bezeichnet werden, etwa ›Eckhaus‹, ›Reihenhaus‹ oder ›Gebäude mit Torbögen‹. In der Friedrichstraße sieht das ›Konzept für einen offenen Block‹ acht ›Stadtvillen‹ vor, die auf einem Modell des 18. Jh. basieren. Die ›Villen‹, entworfen von Rossi, Grassi und Hollein, sind tatsächlich kleine Apartmenthäuser und besitzen alle dieselbe Grundfläche und -form. Nur im Zusammenspiel ergeben sie ein Ganzes.

Aldo Rossis Zeichnung des Teatro del Mondo, Venedig (1979), das eine Zeitlang auf der Lagune schwamm.

1920 Studenten der kaiserlichen Universität Tokio gründen die japanische Sezession.

1923 Frank Lloyd Wrights Imperial Hotel in Kanto übersteht ein Erdbeben und beweist damit eindrucksvoll die Vorteile von Stahl und Beton.

1952–55 Erfindung der Antibabypille, die schon bald das Leben der Frauen in der westlichen Welt nachhaltig verändern wird.

1950er

Big in Japan

Japanische Architektur

Die moderne japanische Kultur hat großen Einfluß auf die zeitgenössische westliche Kultur ausgeübt. Frank Lloyd Wright baute den Juygaken-Kindergarten (1921) und das Imperial Hotel in Tokio (1922), und Bruno Taut schrieb über japanische Kultur und Architektur. Die Entstehungsgeschichte des Modernismus in Japan ähnelt derjenigen in Europa und Nordamerika. In den zwanziger Jahren entstanden die ersten modernen Gebäude als Alternative zu traditionellen Baustilen. In den dreißiger Jahren führte der Ruf nach einem japanischen Nationalstil zu einer eigentümlichen Mixtur: nüchtern, klassische Formen mit geschwungenen Decken, die traditionelle Holzkonstruktionen nachahmten.

Der Nagakin-Kapselturm in Tokio aus dem Jahr 1972 veranschaulicht Kurokawas metabolistische Theorien in der Praxis.

An nostalgischem Historismus und am eintönigen internationalen Modernismus übte Kenzo Tange (geb. 1913) heftige Kritik und erklärte, nur das Schöne könne funktional sein. Seine Werke kombinieren symbolische Formen, die auf japanischer Tradition basieren, mit moderner Technologie. Er wurde mit seinem preisgekrönten Entwurf für das Hiroshima Peace Centre (1949–56) als wichtigster japanischer Vertreter des Modernismus anerkannt. In späteren Projekten entwickelte er Systeme des Stadtkerns und das Konzept urbaner Komponenten weiter.

Verkehrsprobleme

Kenzo Tanges Einfluß auf die jüngere Generation geht vor allem auf seine Forschungsarbeiten zur Stadtplanung zurück. Das Fehlen einer solchen Planung nach dem Zweiten Weltkrieg hatte in den schnell wachsenden Industriestädten Japans immer wieder zum Zusammenbruch des Verkehrs geführt. Tange plante für Tokio eine logische Rangordnung von Schnellstraßen, mit der dichtbesiedelte Bezirke an die Innenstadt angebunden und die Stadt auf Pfählen über die Tokioter Bucht ausgedehnt werden sollten. Die städtebaulichen Probleme hatten zur Bildung einer Gruppe geführt, die sich 1960 mit einer Ausstellung unter dem Titel *Metabolismus* vorstellte. Tange selbst schloß sich den Metabolisten erst 1964 an.

1958–61 Kunio Maekawa, ein früherer Mitarbeiter Le Corbusiers, errichtet die städtische Versammlungshalle in Tokio als ›Plattform auf Stelzen‹.

1959 Alain Resnais' Film *Hiroshima mon amour* erzählt von einer französischen Schauspielerin, die sich in einen japanischen Architekten verliebt.

1966 Mary Quant, die bereits eine bekannte Modeschöpferin ist, präsentiert der Modewelt ihre berühmteste Kreation, den Minirock.

Metabolismus

Unter Tanges Leitung hatte die Gruppe der Metabolisten in den sechziger und frühen siebziger Jahren großen Einfluß auf die Architekturproduktion und -theorie, vor allem im Hinblick auf die Beziehung von privatem und öffentlichem Raum in der Großstadt. Der Nagakin Capsule Tower in Tokio (1972) von Kisho Kurokawa (geb. 1924) treibt diese Ideen auf die Spitze und ist charakteristisch für die futuristische und science-fiction-artige Bildsprache seiner Arbeiten. Der Turm ist Teil der Infrastruktur der Stadt. Die Wohneinheiten sind Massenprodukte, winzige ›Hülsen‹ oder ›Kapseln‹, die dicht um den Turm herum gruppiert sind.

Das Kidosaki-Haus in Tokio von Tadao Ando. Dieser Architekt trug zur Revolutionierung des japanischen Hauses bei.

Ein Wohnzimmer im Freien

Mit mehreren wunderschönen Häusern und Kapellen machte sich Tadao Ando (geb. 1941) in den achtziger Jahren einen Namen. Er lehnte den Metabolismus ab und ließ sich lieber von Le Corbusier, Louis Kahn (1901–1974) und der frühen Moderne inspirieren. Seine stets aus Gußbeton errichteten Gebäude sind von schlichter Klarheit und auf ihre Umgebung bezogen.

NAMEN AN DER WAND

1940 nahm **Charlotte Perriand** eine Einladung nach Japan an, als Beraterin bei der Gestaltung von Exportgütern tätig zu sein. Ein Ergebnis dieser Unternehmung war die neue Version einer Ikone der Moderne: die Stahlrohr-Chaiselongue als Bambusversion. Während der siebziger Jahre wurde die japanische Architektur von Architekten wie **Arata Isozaki** (geb. 1931) und **Kazuo Shinohara** (geb. 1925) dominiert, die beide einen eher postmodernen Ansatz verfolgten und neomanieristische abstrakte Kompositionen mit halbrunden und kubischen Formen in gigantischen Formaten schufen.

Unverdaulicher Metabolismus

Es ist kurios, daß diese außerordentlich erfindungsreiche Nation auch eine Architektur hervorgebracht hat, die so futuristisch war, daß sie schließlich mit der Tapete verschmolz. Der japanische Matabolismus beruht auf der Vorstellung, Architektur müsse sich wie eine Haut verändern lassen und austauschbar werden. Daher war die Idee der Türme und Hülsen so wichtig für ihren Erfolg. Normalerweise wurden die schmucklosen Hülsen um ein zentrales Gebäude herum gruppiert.

1972 Der amerikanische Präsident Nixon besucht Rußland und China. In diesem Jahr wird er mit überwältigender Mehrheit wiedergewählt.

1973 Der chinesisch-amerikanische Schauspieler Bruce Lee löst mit seinem Kung-Fu-Film *Der Mann mit der Todeskralle* eine Kampfsport-Welle aus.

1974 *Der Pate*, Teil II, unter der Regie von Francis Ford Coppola gewinnt den Oscar für den besten Film.

1972–1990

Supercool

Postmoderne

Nach Charles Jencks und seiner ›Sprache der postmodernen Architektur‹ (1977) liegt die besondere Aufgabe des Architekten darin, zu erkennen, daß »die Umwelt sinnlich, humorvoll, überraschend und als lesbarer Text kodiert ist«. Um das zu erreichen, müsse man sich von den universellen Vorstellungen des Modernismus, die sich aus dem Funktionalismus und dem Rationalismus herleiten, verabschieden. Die Postmoderne favorisiert eine Architektur, die sich vom Vertrauten, Geschichtlichen und Regionalen herleitet. Das Ergebnis ist ein mehrdeutiger und oft ironischer ›radikaler Eklektizismus‹.

Allgemeine Symmetrie und Einheitlichkeit der Elemente verbinden sich in Philip Johnsons und John Burgees AT & T Building in New York mit einem jovialen Verweis auf klassische Mittel.

Philip C. Johnson (geb. 1906), der seine Karriere in den dreißiger Jahren als Vertreter des Internationalen Stils begann, wurde vierzig Jahre später einer der Wortführer der Postmoderne. Sein AT & T Building in New York (1978–83, zusammen mit John Burgee) wird häufig als Beispiel für diesen Stil herangezogen: es ist ein moderner Wolkenkratzer mit einer dominanten Fassade von klassizistischer Symmetrie. Der halbkreisförmige gewölbte Haupteingang wird von kleineren Eingängen flankiert. Die Rahmenstruktur wird von Mauerwerk in herkömmlichem Stil verborgen, das Dachgeschoß ist von einem übergroßen Giebeldreieck mit offener Spitze bekrönt.

Robert Venturi

Robert Venturi (geb. 1925) bot mit seinen beiden Büchern *Komplexität und Widerspruch in der Architektur* (1966) und *Von Las Vegas lernen* (1972, zusammen mit Denise Scott-Brown und Steven Izenour) der Postmoderne eine theoretische Basis. In Opposition zum Purismus und der Einfachheit des Internationalen Stils ergriff er Partei für ›Komplexität‹ und ›Mehrdeutigkeit‹. Auf die Losung von Mies ›Weniger ist mehr‹ antwortete er mit ›Weniger ist langweilig‹. Nach verschiedenen kleineren Projekten erhielt er eine Reihe prestigeträchtiger Aufträge, etwa den Anbau der National Gallery am Trafalgar Square in London (1986).

1975 Etwa 40 Millionen Frauen nehmen inzwischen die Pille.

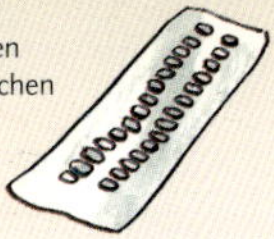

1976 Aufstände gegen die Apartheid in den schwarzen Townships weiten sich über das ganze Land aus.

1977 Britische Wissenschaftler entdecken die genetische Struktur von Viren.

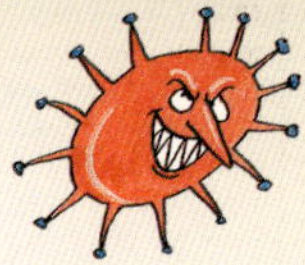

Jede Menge Spaß

In Amerika wie in Europa war die Kritik am Modernismus mit seiner Nüchternheit, seiner Anonymität und seinem falschen Funktionalismus immer lauter geworden, nicht zuletzt im Hinblick auf den sozialen Wohnungsbau. Von der Postmoderne mit ihren lesbaren vertrauten Formen erwartete man eine realisierbare Alternative. Ricardo Bofills (geb. 1939) Siedlungsbauten in Frankreich, Les Arcades du Lac St-Quentin-en-Yvelines (1978–82) und Les Espaces d'Abraxas Marne-La-Vallée (1978–83) verwenden monumentale Formen, von denen Bofill glaubt, daß sie ein Gefühl von Intimität und kollektiver Identität vermitteln. Die Fassaden sind eine Kombination schlichter Betonelemente mit klassischen Motiven in bizarren Variationen.

Bofills frühere Arbeiten, zusammen mit der Gruppe ›Taller de Arquitectura‹ in Spanien, waren sehr viel interessanter. Ein großangelegtes Wohnungsprojekt in Barcelona, Walden Seven (1970–75), verwendet einerseits industrielle Formen, andererseits eine an die Romantik anknüpfende Bildsprache.

Vor allem europäische Architekten, die andere Entwicklungen bevorzugen, haben die Postmoderne, die keine festen Regeln kennt und statt dessen auf Kommerz und individuellen Geschmack setzt, als Kitsch abgetan.

Merkmale postmoderner Architektur

1. Postmoderne Gebäude zitieren Stilelemente der Vergangenheit, ohne daß diese einen funktionellen Zweck erfüllen müssen.
2. In postmodernen Gebäuden wird Beton sehr viel weniger sichtbar eingesetzt. Statt dessen werden sie mit verschiedenen Materialien verziert. Ein markantes Beispiel ist der postmoderne Turner-Flügel der Tate Gallery in London.
3. Glas wird nach wie vor gerne und häufig auf sehr unkonventionelle Weise verwendet.
4. In postmodernen Entwürfen finden sich in der Regel eher Verweise auf einzelne Motive als auf ganze Stile. Ein besonders beliebter Fundus sind die Bauten Sir Edwin Luytens', des großen Baumeisters des Vizekönigreichs Indien und des British Empire.

Bofills Les Espaces d'Abraxas: klassische Ordnung in einer zeitgenössischen Sprache.

1969 Der Amerikaner Neil Armstrong ist der erste Mensch auf dem Mond. Alufolie und Teflon erobern die Küchen.

1974 In Paris wird das Centre Pompidou errichtet und löst heftige Diskussionen aus.

1980er Die internationalen Filmfestivals fördern verstärkt künstlerische Filme.

1980er

High-Tech

Rogers und Foster

Unter High-Tech versteht man Gebäude, die wegen ihrer harten, metallisch-glänzenden Oberflächen wie Maschinen aussehen und industrielle Elemente wie Krangerüste sowie andere bewegliche Teile aufweisen. Häufig werden die Konstruktionen freigelegt. Die Formen des gesamten Gebäudes und seiner einzelnen Bestandteile unterscheiden sich nicht wesentlich von denen anderer Bauten, aber die Palette der Werkstoffe wird um solche Materialien erweitert, die man üblicherweise mit anderen Technologien, der Industrieproduktion oder Weltraumforschung, verbindet.

Halbmondförmiger Flügel des Sainsbury Centre for the Visual Arts, Norwich, von Norman Foster.

Der Prototyp des High-Tech ist das CNAC (Centre National d'Art et Culture, früher Centre Pompidou) in Paris (1971–77), das von Renzo Piano (geb. 1937) und Lord Richard Rogers (geb. 1933) entworfen wurde. Aufzüge in geschwungenen Glasröhren erklimmen die fünf Stockwerke, die auf spektakuläre Weise freitragend außen an der Glasfläche zwischen den riesigen Stahlträgern des Rahmens angebracht sind. Im Erdgeschoß herrscht geschäftiges Treiben: Buchläden, Kartenverkaufsstellen und Wechselausstellungen setzen den Außenraum innen fort. Flexibilität – die Möglichkeit, die Innenraumaufteilung verändern zu können – war in den siebziger Jahren sehr wichtig. Diese wurde erreicht, indem man den Rahmen und die technische Ausrüstung an der Außenseite des Gebäudes anbrachte, so daß es innen den Anforderungen wechselnder Ausstellungen angepaßt werden kann. Rogers verwendete dieses Modell auch beim Lloyds Building (1979–84) und den Büroräumen von Channel 4 (1990), beide in London.

Future Systems

Das Wohnhaus, das Future Systems (Jan Kaplicky und Amanda Levete) 1993–94 entworfen haben, beruht auf einem einzigartigen Konzept. Abgesehen von massiven Trennwänden besteht es völlig aus Glas: die Nord- bzw. Straßenseite aus durchscheinenden Blöcken, die südliche Gartenseite aus schrägen Scheiben. Materialien und Ausführung sind klar und scharf, mit Aluminiumtreppen und weißen Keramikfliesen auf dem Boden, die den Eindruck von Leichtigkeit und Zerbrechlichkeit noch verstärken.

1980 John Lennon, ehemaliges Mitglied der Beatles, wird in New York von einem Psychopathen erschossen.

1980 Man entdeckt den für ausgestorben gehaltenen Fisch Coelacanthus in 180 m Meerestiefe.

1980er Yuppies (›Young Urban Professionals‹) werden zum Symbol des Jahrzehnts des schnellen Geldes.

›Archigram‹

1961 gründeten sechs junge Architekten, Peter Cook (geb. 1936), Ron Herron (geb. 1930), Michael Webb (geb. 1937), David Greene (geb. 1937), Warren Chalk (geb. 1927) und Dennis Crompton (geb. 1935), ›Archigram‹ – wörtlich übersetzt ›Architektur in der Zeichnung‹. Sie favorisierten neue Technologien und das Prinzip der Ausbaufähigkeit von Gebäuden und Innenräumen. Damit rückten sie in die Nähe der Popkultur und des japanischen Metabolismus. Die erste Ausstellung ihrer Arbeit, Living City, fand 1963 im ICA in London statt. ›Archigram‹ revolutionierte das architektonische Denken in Großbritannien. 1970 löste sich die Gruppe auf.

Ein weiteres bedeutendes frühes High-Tech-Gebäude ist das Sainsbury Centre for the Visual Arts in Norwich (1974–78) von Rogers' früherem Kollegen und Altersgenossen Sir Norman Foster. Etwas weniger aufwendig ist die Druckerei der Financial Times in London (1988) von Nicholas Grimshaw (geb. 1939), bei der die beweglichen Druckmaschinen durch die Glasfassade zu sehen sind.

Das Lloyds Building in London (1979–84) von Richard Rogers.

NAMEN AN DER WAND

Die Arbeit des britischen Ehepaars **Alison** und **Peter Smithson**, die wir bereits als ›Brutalisten‹ kennengelernt haben, sollte in diesem Zusammenhang ebenfalls erwähnt werden. 1956 präsentierten sie ihren Entwurf für ein ›Haus der Zukunft‹ bei der Daily Mail Ideal Home Exhibition in London. Es prophezeite eine Zukunft mit Wohneinheiten aus der Massenproduktion und ausgefeilter Technologie im Haushalt, darunter Fernbedienung, Mikrowelle und als Höhepunkt einen tragbaren elektrostatischen Staubsammler, der völlig selbständig im ganzen Haus arbeiten sollte.

Ursprünge

High-Tech geht auf die Arbeit des Amerikaners Richard Buckminster Fuller (1895–1983) und der englischen Architektengruppe ›Archigram‹ zurück. Buckminster Fuller baute nur wenig, aber seine Projekte waren sehr einflußreich. Sein Dymaxion (Dynamik und maximale Effizienz)-Haus (1927) und sein dreirädriges Dymaxion-Auto (1933) waren Versuche, sich von der Geschichte und der konventionellen Ästhetik zu lösen und bewußt modern zu produzieren. Später entwickelte er seine berühmten Geodätischen Kuppeln mit einem räumlichen Tragwerk aus verschiedenen Baustoffen. Seine bekannteste Kuppel ist der Amerikanische Pavillon aus Plexiglas und Stahl auf der Weltausstellung in Montreal von 1967.

1968 Die britische Regierung gibt ihre Pläne für einen dritten Londoner Flughafen in Stansted, Essex, zunächst auf, um das Projekt dann später mit Sir Norman Foster doch zu realisieren.

1969 Ludwig Mies van der Rohe stirbt.

1969 Die Land Art, eine avantgardistische Kunstströmung, widmet sich der ehrgeizigen Aufgabe, Natur in Kunst zu verwandeln.

1968–1995

Postmoderner Formalismus

Die ›New York Five‹

Die Werke der ›New York Five‹ wurden erstmals 1969 im Museum of Modern Art ausgestellt. Ihre frühen Arbeiten, die ›weißen‹ Häuser, imitieren die Bauten des Internationalen Stils mit ihren schlichten Räumen und planen weißen Oberflächen. Der Beton der europäischen Gebäude wurde durch die ›traditionellen‹ Holzrahmen und Bretterverkleidungen amerikanischer Häuser ersetzt.

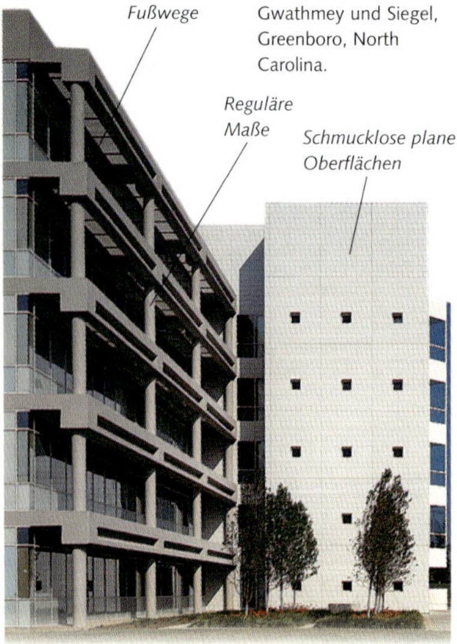

Das IBM Building von Gwathmey und Siegel, Greenboro, North Carolina.

NAMEN AN DER WAND

Sir James Stirling (1926–1994) zählt zu den geistreichsten und umstrittensten Architekten der internationalen Nachkriegsarchitektur. Seine frühe Bauten setzen sich kritisch mit dem Spätwerk Le Corbusiers und dem Brutalismus auseinander. Architektur war für Stirling keine Frage des Stils oder der Erscheinung, sondern die Frage, wie man Raum und Abläufe für die gestellte Aufgabe organisiert. Seit den siebziger Jahren weisen seine Bauten neoklassizistische Tendenzen auf, erinnern aber auch hinsichtlich ihrer Ordnung, Straffung und der Vereinheitlichung der Fassaden an den Rationalismus.

Im Rückgriff auf den italienischen Rationalismus setzt sich Peter Eisenman (geb. 1932) vor allem mit dem Sinn in der Form auseinander. Seine Ablehnung der Idee, Architektur solle ›formal‹ sein, veranschaulicht seine Häuser-Serie. Er numeriert die Häuser, als seien sie Kunstwerke. Nummer VI, das Frank House (1972), hat eine nicht begehbare Treppe, die nirgendwo hinführt. Michael Graves' (geb. 1934) Beschäftigung mit der Form dagegen führt weg von rationalistischen Auffassungen hin zu einem eher postmodernen Neo-Historismus, etwa in seinem Public Services Building in Portland, Oregon.

Charles Gwathmey (geb. 1938), der seit 1971 mit Robert Siegel (geb. 1939) zusammenarbeitet, hat mehrere Privathäuser entworfen, darunter sein eigenes in Amagansett in Long Island (1965–67), aber auch öffentliche Gebäude wie den East

1973 Nachdem in Vietnam am 28. Januar ein Waffenstillstand vereinbart wurde, verlassen die letzten amerikanischen Truppen am 29. März das Land.

1977 Der Film *Saturday Night Fever* kommt in die Kinos. John Travolta wird über Nacht zum Star.

1980 Die ›New York Five‹ – auch bekannt als ›The Whites‹ (Die Weißen) trennen sich.

Die Bibliothek und die Kunstgalerie in Nîmes von Sir Norman Foster.

SITE

Die multidisziplinäre Gruppe SITE (›Sculpture In The Environment‹) wurde von dem Bildhauer James Winess (geb. 1932) mit dem Ziel gegründet, sich vom Funktionalismus weg und auf eine Einheit mit der Kunst hin zu bewegen. Sie wurde vor allem bekannt durch eine Reihe von Geschäften der amerikanischen Supermarktkette BEST, die die Aufmerksamkeit der Kunden dadurch auf sich zieht, daß sie architektonische Kapriolen schlägt. So scheint sich beim Peeling Project in Richmond, Virgina (1971–72), die Backsteinhaut vom Gebäude abzupellen, und in Towson wirkt es so, als hebe sich die gesamte Fassade des Tilt Showroom (1976–78) in einem verwegenen Winkel vom Boden ab.

Campus der Columbia University in New York (1981).

Der produktivste dieser fünf ist Richard Meier (geb. 1934). Neben mehreren Privathäusern und Wohnkomplexen hat er das Museum für Kunsthandwerk in Frankfurt am Main (1979–84) und das Getty Museum in Los Angeles (beg. 1984) entworfen. Den experimentellsten Ansatz aber verfolgt John Hejduk (geb. 1929), wie seine Restaurierung des Foundation Building der Cooper Union School in New York (1975) und seine IBA-Siedlung in Berlin zeigen.

Richard Meiers Douglas House in Harbour Springs, Michigan (1971–73).

Europa

Die frühen Gebäude Norman Fosters werden oft dem High-Tech-Stil Richard Rogers' zugeordnet, doch seine späteren Werke sind schwerer zu klassifizieren. Die Bibliothek und die Kunstgalerie in Nîmes (1993) haben dieselbe Form wie die gegenüberliegende Maison Carrée, einer der am besten erhaltenen römischen Tempel Europas. Beim dritten Londoner Flughafen in Standsted (1992) nutzte Foster das abschüssige Gelände, um das Versorgungsnetz in der unteren Ebene zusammenzufassen. Aufgrund ihres transparenten Daches, das auf einem Gitter aus baumartigen Säulen ruht, ist die Eingangshalle stets von Licht erfüllt. Durch verglaste Wände sieht man das Rollfeld.

1990er

Große Gefühle

Sinn und Sinnlichkeit

Die überdachte Tribüne des Lords Cricket Ground, London, von Sir Michael und Patti Hopkins.

Wir nehmen Orte nicht nur mit den Augen wahr. Die Form des Gebäudes ist wichtig, aber seine allgemeine Beschaffenheit, die Gerüche und die Geräusche spielen eine ebenso große, wenn nicht sogar eine größere Rolle. Die sinnliche Erfahrung, das Gefühl, Holz zu berühren, der Klang unserer Schritte, wenn wir über einen polierten Holzboden laufen, spielt bei unserer Beurteilung eines Ortes eine wesentliche Rolle. Die Beschäftigung mit der sinnlichen Qualität von Materialien – eher eine phänomenologische Beurteilung als eine stilistische Klassifikation – hat verschiedene Architekturrichtungen dazu inspiriert, auf spezifische Orte oder klimatische Gegebenheiten zu reagieren, und ermöglicht es uns, Gebäude auf eine neue Weise wahrzunehmen.

Die neueren Arbeiten von Sir Michael Hopkins (geb. 1935), der in den siebziger und frühen achtziger Jahren im High-Tech-Stil baute, unterscheiden sich deutlich von ihren Vorläufern. Der Mound Stand des Lords Cricket Ground in London (1987), der durch Backsteinkolonnaden fest im Boden verankert ist, erhebt sich im physischen und im übertragenen Sinn über mehrere umschlossene Ebenen, um sich schließlich unter leichten weißen Stoffbaldachinen wieder zu öffnen. Für das Opernhaus in Glyndebourne (1994) hat Hopkins Ziegelsteine – das örtliche Material – und Mörtel in einer traditionellen Verlegetechnik verwendet, so daß Dehnungsfugen des modernen Backsteinmauerwerks überflüssig wurden. Für die Sitze und Balustraden im Inneren wurde geschwungenes Schichtholz verwendet, ein Material, aus dem viele Musikinstrumente bestehen.

Fuksas

In Frankreich setzt sich der italienische Architekt Massimiliano Fuksas ebenfalls mit Fragen des Standorts und des Baumaterials auseinander. In der dicht besiedelten Bastille-Gegend von Paris füllt das

1989 Fall der Berliner Mauer. Ein Jahr später ist Deutschland wiedervereinigt.

1990 Das Weltraumteleskop Hubble entdeckt ein großes Sturmsystem auf dem Saturn. Die Astronomen nennen es den ›Großen Weißen Fleck‹.

1990er New-Age-Überzeugungen und alternative Medizin erfreuen sich großer Popularität.

NAMEN AN DER WAND

In der Nachkriegszeit machte sich Italien einen Namen für das erfolgreiche Renovieren von Museumsräumen, das eine geschärfte Sensibilität für Materialien sowie ein sinnliches Bewußtsein voraussetzt. Die Arbeit von **Carlo Scarpa** am mittelalterlichen Castelvecchio in Verona ist hierfür ein gutes Beispiel. Seine kunstvolle Raumregie, die geschickte Lichtführung und das kluge Arrangement der Objekte haben einen Ort entstehen lassen, in dem Vergangenheit und Gegenwart ›friedlich koexistieren‹ und den Besucher mit raffinierten Details verblüffen.

Sport-Centre in der Rue de Candie (1994) mit mehreren untereinander verbundenen Räumen, größtenteils aus Beton, ein heruntergekommenes Gelände. Die Wand der Sporthalle ist mit einer Reihe blinder Fenster versehen, die an den vertrauten Anblick leerstehender Häuser in unseren Großstädten erinnern. Die mit Zinkplatten verkleidete Fassade ist leicht gewellt. Beim Maison des Arts der Michel-de-Montaigne-Universität in Bordeaux (1997) wird die Stirnseite vom satten Grün oxidierten Kupfers dominiert. Darin integrierte Fensterläden modulieren die Oberfläche, die durch zwei vertikale Glasschlitze und das in einer tiefen Einkerbung rundumlaufende Fenster unterbrochen wird.

Ökologisches Bauen

In den USA entstand als Vorbild für das ökologische Bauen das ›Integral Urban House‹, das alle Möglichkeiten eines natürlichen Hauses durchspielte. Eine ähnliche ›Arche‹ erbauten die Gruppe ›New Alchemists‹ 1976 auf dem kanadischen Prince Edward Island. Mit Ausnahme des experimentierfreudigen Kaliforniens finden die meisten dieser Neuerungen in Bereichen eines verhältnismäßig kühlen Klimas statt. In den heißen Zonen Afrikas verweist die neue Lehmarchitektur auf ein verändertes Umweltbewußtsein. Das ökologische Bauen steht für die immer lauter werdende Forderung nach einer Abkehr von der Überfremdung durch die Technik, nach größerer Demut der Natur und dem Kosmos gegenüber (New Age). Von einer weltweiten Realisierung dieser bedenkenswerten Forderung scheinen wir jedoch auch im Zeitalter der Globalisierung weit entfernt zu sein.

Das Opernhaus in Glyndebourne, Sussex, fügt sich nahtlos in die Umgebung ein.

1898 Die USA und Spanien streiten sich um Kuba. Die Amerikaner zerstören in Manila die Spanische Flotte.

1936 Der spanische Bürgerkrieg beginnt. Er dauert drei Jahre. Ab 1939 regieren die Nationalisten unter General Franco.

1939 Francos Regierung wird von Großbritannien, Frankreich und den USA anerkannt.

1970–1990

Viva España

Der spanische Regionalismus

›Kritischer Regionalismus‹ ist die Bezeichnung von Kenneth Frampton für die Entwicklung des Modernismus im Hinblick auf unterschiedliche physische und kulturelle Kontexte. Spanien hatte nach der Rückkehr zur Demokratie, der Einführung des gesetzlich verankerten Denkmalschutzes, der EXPO 1992 in Sevilla und den Olympischen Spielen in Barcelona im selben Jahr die Möglichkeit, mit größeren neuen Bauwerken seine kulturelle Präsenz in Europa wieder stärker geltend zu machen.

Die Bögen der Flughafengebäude in Sevilla von José Rafael Moneo zeigen maurische Einflüsse.

Die Architektur der EXPO in Sevilla unterschied sich deutlich von der futuristisch anmutenden Weltausstellung 1970 in Osaka. Viele Exponate verwiesen durch ihre Materialität und formale Metaphorik auf die Themen Geschichte und kulturelle Identität. Neben dem EXPO-Gelände besitzt Sevilla nun einen Flughafen, der von José Rafael Moneo (geb. 1937), und einen Bahnhof, der von Antonio Cruz und Antonio Ortiz gestaltet wurde. Beide Gebäude zeichnen sich durch massives Mauerwerk und in sanften ›maurischen‹ Terrakottafarben gehaltene Bögen aus.

Die Gebäude in den alten Industriegebieten von Barcelona werden auf einfallsreiche Weise genutzt: Die Josep-Lluis-Mateos-Sporthalle etwa ist in einer ehemaligen Fabrik untergebracht.

Gaudí der Große

Die meisten Werke des bekanntesten spanischen Architekten Antoni Gaudí (1852–1926) befinden sich in Barcelona. Seine eigene Aussage, »Die gerade Linie gehört den Menschen, die geschwungene Gott«, ist vermutlich die beste Erklärung für seine Bauten, die sich durch ihre einzigartige, äußerst originelle Verwendung von Materialien und Formen, ihre Ablehnung strikter Geometrie und eine äußerst originelle Dekoration auszeichnen.

Die Komplexität und Individualität seiner Werke, die keine Vorläufer und keine Nachahmer haben, machen ihre historische Einordnung schwierig. Im Kontext des Jugendstils gilt Gaudí als Genie, da er der einzige ist, der eine dreidimensionale Version des so häufig wegen seiner Ober-

1960er Aufgrund der Billigflüge reisen immer mehr Touristen nach Spanien.

1976 Die Sahara, bis dahin Kolonialgebiet Spaniens, wird zwischen Marokko und Mauretanien aufgeteilt.

1992 Die Olympiade findet in Spanien statt. Die Athleten kämpfen – nicht zuletzt gegen die Hitze.

ier Spitzen

audís Kirche Sagrada amilia (begonnen 883) ist sein Meisterwerk. Sie hat vier 06 m hohe Türme, die owohl als Ausdruck es regionalen Jugendils wie als veritable chitektonische Glanzücke gelten können. Vände und Decken estehen aus dünnen acksteinkonstruktioen, und das Mittelhiff ruht auf schrägen iulen. Wäre Gaudí cht von einer raßenbahn überhren worden, hätte den Architekten der ostmoderne wohl och einiges beibringen nnen.

flächlichkeit gescholtenen Jugendstils schuf. Aufgrund seiner Vorliebe für Kunsthandwerkliches steht seine Arbeit auch im Kontext von Arts and Crafts sowie dem romantischen Modernisme in Spanien. Versteckte Bezüge finden sich aber auch zu den prächtigen geometrischen Schnitzereien in den maurischen Palästen Südspaniens.

Die Fassade der Sagrada Familia in Barcelona von Gaudí. Er begann die Arbeit an der bis heute unvollendeten Kirche im Jahr 1883.

NAMEN AN DER WAND

Weitere Beispiele für regionale Sensibilität sind **Alvaro Sizas** (geb. 1933) Zentrum für zeitgenössische galizische Kunst in Santiago de Compostela (1993), **Antoine Predocks** Nelson Fine Arts Center in der Arizona State University (1989) sowie **Ricardo Legorreta** (geb. 1931) Museum of Contemporary Art in Monterey (1992). Siza verwendet Granit, glänzend weißen Marmor und Stuck im Inneren, um das Gebäude der lokalen Bebauung anzupassen, Predock läßt sich von örtlichen, spanischen und indianischen Traditionen inspirieren, und Legorreta vergrößert einfach den Maßstab eines traditionellen Hauses mit Hof.

Altes und Neues

Spanien gilt als Inbegriff der Wunder und Grillen der Architektur. Von den Resten maurischer Einflüsse abgesehen, hat sich die Architektur des Landes aufgrund der ökonomischen Gegebenheiten stark verändert. Man hält einerseits die mittelalterlichen Bauten für die eigene Lokalbevölkerung und Touristen instand und errichtet zugleich entlang der Küste riesige scheußliche Bettenburgen aus Beton. Gleichwohl feierte die spanische Architektur in den frühen neunziger Jahren vor allem in Barcelona und Sevilla eine ganze Reihe spektakulärer Erfolge, nicht zuletzt durch das Olympiastadion (Vittorio Gregotti mit Correa & Mila), das auf surreale Weise eine bereits bestehende Konstruktion aus dem Jahr 1929 modifiziert.

Der Reiz des maurischen Erbes.

1912 Der Begriff ›Minimalismus‹ entstammt ursprünglich der Politik. Die russischen Minimalisten fordern sofortige Demokratie nach der Revolution.

1954 Anthony Caro beginnt an der St. Martin's School of Art zu unterrichten. Der Kult um das Unpersönliche ergreift eine ganze Bildhauergeneration.

1964 Die Schriften der Kulturwissenschaftlerin Susan Sontag (*Kunst und Antikunst*) werden zum Partygespräch der Intellektuellen.

1960–1997

Das Wesen der Dinge

Minimalismus

Die Freiheit vom täglichen Chaos, von der ständigen Ablenkung durch Trivialitäten erlaubt eine Konzentration auf das Grundlegende – die Eigenschaften von Form, Raum und Material. Die Schönheit beruht hier nicht auf überflüssigem Zierwerk, sondern auf der Verfeinerung der Essenz des Gebäudes, des wahrhaft Minimalen. Einfachheit und Leere charakterisieren diese minimalistische Architektur, die etwas Mönchisch-Asketisches verströmt.

Die Aufgabe derjenigen, die etwas gestalten, besteht nach John Pawson (geb. 1939) darin, »die chaotische Welt aufzuräumen«. Dies ist seit dem späten 19. Jh. ein Anliegen, wird jedoch in Anbetracht der ›Lawine des Konsumententums‹ immer dringlicher. Die schönen Fotos in Pawsons Buch *Minimum* (1996) sind beredte Argumente hierfür. Sie zeigen unter anderem Abteien und Klöster, etwa das Dominikanerkloster Sainte-Marie de la Tourette (1957–60) von Le Corbusier und die romanische Zisterzienserabtei Le Thoronet. Pawsons Haus Neuendorf auf Mallorca beruht auf der schlichten Geometrie eines Kubus, dessen ockerfarbene Oberfläche dazu beiträgt, das Gebäude mit seiner Umgebung zu vereinen.

Einfach und rein

Edouardo Souta de Moura (geb. 1952) arbeitete fünf Jahre lang für Alvaro Siza (geb. 1933), Portugals bekanntesten Architekten. Souta de Moura verwendet einfache Formen und elegante Details in Kombination mit einem ›erdigen‹ Reichtum an natürlichen Materialien, die mit

Das Haus Neuendorf (1989) auf Mallorca von Sivestrin & Pawson paßt perfekt in die heiße, trockene Umgebung. Die selbstbewußten Formen vermitteln den Eindruck großer Ruhe und Gelassenheit.

1969 Michael Craig-Martin präsentiert sein Werk *4 Identical Boxes with Lids Reversed* (Vier identische Kartons mit umgedrehten Deckeln).

1970er In der Kunst ist der Minimalismus groß in Mode und führt zu stark reduzierten, nicht-referentiellen Bildern und Skulpturen.

1980er Minimalistische Theorien zur Inneneinrichtung bleiben praktisch folgenlos, während der Verkauf von Raffrollos in die Höhe schnellt.

Ehrlich bis ins Mark: Shaker-Möbel

Die Shaker, eine Mitte des 18. Jh. in England gegründete Sekte, waren später, vor allem in den 1840er Jahren, besonders stark in den USA vertreten. Berühmt sind sie für die funktionelle Einfachheit ihrer sparsam ausgestatteten, aber sehr stabilen und praktischen Möbel, die hauptsächlich aus abgelagertem Holz gefertigt sind und glatte Oberflächen haben. Ihre Handwerkskunst wurde von dem Ideal geleitet, daß Schönheit in der Nützlichkeit liege und jede Kraft eine Form entwickele: »Wir haben das Recht, die menschlichen Erfindungen zu verbessern, aber nicht aus eitler Ruhmessucht oder wegen irgend etwas Überflüssigem.«

den traditionellen Bauwerken Portugals in enger Beziehung stehen. Das Marktgebäude in Braga (1980–84) und das Kulturzentrum in Oporto (1981–88) sind von großer räumlicher Schlichtheit und subtilen natürlichen Materialien geprägt. Beim Bom-Jesus-Haus in Braga (1989–94) – und dies ist typisch für de Mouras Bauten – wird einfach nur ein Steinwürfel neben einen Betonwürfel gestellt.

Die Schweizer Architekten Jacques Herzog (geb. 1950) und Pierre de Meuron (geb. 1950) entwickelten ihren puristischen Stil während der letzten 20 Jahre anhand diverser Projekte. Die Sammlung Goetz in München (1991–92) ist ein einfacher, freistehender rechteckiger Block, der so in den Boden eingelassen ist, daß die rundum verlaufenden Obergaden der einzige von außen sichtbare Teil der unteren Ausstellungsräume sind. Durch die Lichtgaden der oberen Ebene wirkt die Schichtholz-Verkleidung des Gebäudes wie aufgehängt. Die milchigen Glasscheiben sorgen für gute, gleichmäßige Lichtverhältnisse. 1996 gewannen Herzog und de Meuron den Wettbewerb um den Erweiterungsbau der Londoner Tate Gallery of Modern Art in der von Sir Giles Gilbert-Scott entworfenen Bankside Power Station aus dem Jahr 1955.

Schlichte geometrische Formen

NAMEN AN DER WAND

Der erste europäische Architekt, der einer Ästhetik des Minimalismus Ausdruck verlieh, war der Österreicher **Adolf Loos** (1870–1933). Er schrieb 1908 zahlreiche Artikel und Essays, darunter *Ornament und Verbrechen*. Darin rechnete er mit dem Historismus ab und bezeichnete den Drang, etwas zu verzieren, als pathologisch. Er baute mehrere Häuser, darunter eines in Paris für den Dadaisten Tristan Tzara (1926), das sich durch schlichte Formen, völligen Verzicht auf Zierwerk und kostbare Materialien auszeichnet.

1965 Mit dem Schwarzweißfilm *Alphaville* lehnt Jean-Luc Godard es ab, filmischen Konventionen zu folgen: »Ein Film ist nur ein Film – reine Illusion ...«

1967 Jacques Derrida (»Es gibt nichts außerhalb des Textes«) veröffentlicht *Die Schrift und die Differenz* und *Grammatologie*.

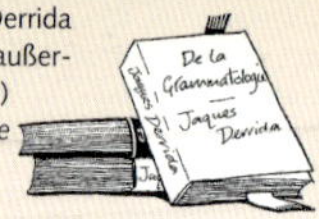

1972 Der Ankauf von *Equivalent VIII* von Carl Andre durch die Tate Gallery erregt die Öffentlichkeit, da es sich dabei ausschließlich um Ziegelsteine handelt.

1980–2000

Splitter und Fragmente

Dekonstruktion

Dekonstruktion (oder Dekonstruktivismus) ist kein Stil, wie Bernard Tschumi auf dem Ersten Internationalen Symposium zur Dekonstruktion in London 1988 erklärte, sondern »Teil einer Untersuchung der sich auflösenden Grenzen der Architektur«. Die Dekonstruktion sucht nach dem ›Dazwischen‹. Peter Eisenman vertrat beim selben Symposium die Auffassung, daß Architekten, die etwas ›zerbrechen‹, nicht vorgefaßte Meinungen in Frage stellen, sondern lediglich illustrierend tätig seien. Diese Gedanken gehen auf das Werk des französischen Philosophen Jacques Derrida zurück.

Das ›Gebäude‹ im Parc de la Villette in Paris von Bernard Tschumi erinnert ein wenig an ein Frühwerk des russischen Konstruktivismus.

Auch wenn man die Theorie der ›neuen Betrachtungsweise‹ für Architekten und Akademiker als Dekadenzphänomen auffassen kann, stellte sie doch zugleich eine Alternative zu den zunehmend banaleren Entwürfen des postmodernen Formalismus dar. Die aus ihrem Geist entstandenen Gebäude hielten, was die Bezeichnung versprach: demontierte, zerbrochene Nicht-Assemblagen, ohne visuelle Logik, ohne zwingende pragmatische Gründe, ohne den Versuch, eine harmonische Komposition der Fassaden zu erzielen. Im Fall von Peter Eisenman – etwa bei seinem Aronoff Center der University of Cincinnati (1989–96) – kann man dies als Weiterentwicklung seines abstrakten Formalismus der siebziger Jahre betrachten.

›La Folie‹

Mit Bernard Tschumis dekonstruktivistischer Arbeit, dem Parc de la Villette in Paris (1984–89), kehrt die Gartenmanie zu ihren französischen Wurzeln zurück. An den Schnittpunkten eines 100 x 100 m messenden quadratischen Rasters angelegt und von bereits existierenden Gebäuden und einer Verkleidung aus reinen Polygonen und mäanderartigen Wegen unterbrochen, erfüllt ›La Folie‹ keinen bautechnischen Zweck, sondern repräsentiert lediglich eine Idee.

1987 Gorbatschow verkündet ›Glasnost‹ und ›Perestroika‹ – Offenheit und Umgestaltung.

1988 In Rumänien werden Dörfer zerstört und die Dorfbewohner zur Umsiedlung in städtische Wohnblocks gezwungen.

1990 Nelson Mandela wird freigelassen, Winnie Mandela vor Gericht gestellt.

Das wichtigste Gebäude von Daniel Libeskind ist das Jüdische Museum (1997) in Berlin. Form und räumliche Organisation des Baus, von Libeskind mit den Worten »zwischen den Linien« charakterisiert, verweisen auf die Geschichte der deutsch-jüdischen Beziehungen in Berlin. Der Zickzack-Entwurf repräsentiert die Kontinuität der Geschichte. Die darübergelegte gerade Linie wird dort, wo sie die Zickzacklinie kreuzt, unsichtbar – eine Repräsentation der Absenz. Vor kurzem gewann Libeskind den Wettbewerb für die Erweiterung des Victoria and Albert Museum in London – ebenfalls mit einem dekonstruktivistischen Entwurf.

NAMEN AN DER WAND

Peter Eisenman betrachtet Architektur als ein Mittel, um zu schockieren und den Benutzer aus der Selbstzufriedenheit seiner alltäglichen Existenz herauszureißen. Unbeholfenheit und Mehrdeutigkeit sind intentionaler Bestandteil seiner Gebäude. Sie sollen uns die Augen öffnen. Im für Suzanne und Richard Frank erbauten Haus VI muß man sich seitlich drehen, um durch die Tür zu kommen, sich ducken, um eine Treppe hinaufzugehen, und beim Abendessen eine Säule in Kauf nehmen, die sich zwischen die Tischnachbarn drängt.

Transformationen

International bekannt wurde diese jüngere Architekturrichtung durch die Ausstellung ›Deconstructivist Architecture‹, die Philip Johnson und Mark Wigley 1988 im Museum of Modern Art in New York einrichteten und an der unter anderem Eisenman, Libeskind, Gehry und Coop Himmelblau teilnahmen. Bei allen Unterschieden des im einzelnen verwendeten Formenvokabulars lassen sich für die dekonstruktive Architektur auch Gemeinsamkeiten finden. Sehr wichtig sind dabei Begriffe wie Transformation, Überlagerung, Inversion und Splitterung. Die Überlagerung verschiedener Planungsstadien wird zum eigentlichen Entwurfsinhalt, der oft auch noch im realisierten Werk sichtbar bleibt. Form und Bedeutung der Bauten ergeben sich aus einer Kombination disparater Teile. Es geht dabei um eine Destabilisierung im wörtlichen und im übertragenen Sinn. Die aristotelische Auffassung von Wirklichkeit als einer Einheit von Ort, Raum und Zeit wird im Gegensatz zum überwiegenden Teil der postmodernen Bauten nicht mehr akzeptiert.

Frank O. Gehrys Vitra Design-Museum in Weil am Rhein (1987–89). Weiß verputzte Wände kontrastieren mit der Titan-Zink-Verkleidung der Dächer.

1982 IBM vermarktet die ersten Laserdrucker der Welt, die das Geschriebene schnell und (verhältnismäßig) leise aufs Papier bringen.

1985 Die British Antarctic Society entdeckt ein Loch in der Ozonschicht.

1989 Die Raumsonde Galileo wird ins All geschickt und überträgt zwei Jahre später die ersten Bilder eines Asteroiden.

1990 bis heute

Bauen im Cyberspace

Virtuelle Welten

Cyberspace oder virtueller Raum, der Raum, den unsere Computer erzeugen, kann überall existieren und ist an keine physischen oder kulturellen Kontexte gebunden. Michael Benedict schreibt in seinem Buch ›Cyberspace: Die ersten Schritte‹ (1991), daß die Konkretisierung der Welt, die wir uns vorstellen und erträumen, an diesem »Austragungsort für unser Bewußtsein«, all das sein kann, was wir uns von ihr wünschen. Mit der richtigen Software flieht man aus der realen Welt ins Reich der Medien. Es ist aber schwierig, sich eine Welt vorzustellen, in der die greifbare, sinnliche Erfahrung durch Gedanken ersetzt und in der der Körper überflüssig wird.

NAMEN AN DER WAND

»Ich mache konzeptionelle Architektur ... In unserem Büro fertigen wir zunächst keine Zeichnungen an; die ersten zwei Wochen diskutieren wir... Wenn wir in Worten ausdrücken könnten, was wir machen wollen, dann wäre das Projekt eigentlich schon beendet... Andererseits ... Das Ärgerlichste ist es meiner Ansicht nach, zu viel über Architektur zu reden, denn Worte haben ein sehr willkürliches Verhältnis zur Architektur. Man muß die Worte vergessen, denn die Architektur wird es mit anderen Mitteln sagen.« – **Jean Nouvel**, 1993

Ironischerweise ist gerade bei der neuen Generation von Gebäuden, deren Entwürfe auf Computertechnologie basieren, der physische Aspekt besonders stark ausgeprägt. Auch Frank O. Gehry (geb. 1929) griff bei der Planung des Guggenheim Museum in Bilbao, Spanien (1997), auf den Computer zurück, um solche surrealen Räume Wirklichkeit werden zu lassen. Da sie keine architektonischen Vorbilder kennen, lassen sich seine Werke kaum herleiten. Die glänzende Titaniumhülle des Museums und seine Lage am Fluß erinnern ein wenig an einen Ozeandampfer.

1988 Architektur und Physik begegnen sich bei der Namensgebung eines isolierten Karbonmoleküls. Das Fulleren – nach R. Buckminster Fuller – hat die Struktur einer Kuppel.

1997 Das Schaf Dolly wird geklont und löst heftige Debatten aus.

2000 In Greenwich, London, wird Lord Richard Rogers die Eröffnung des Millennium Dome beaufsichtigen.

Das neue Guggenheim Museum in Bilbao von Frank O. Gehry – ein bizarres, traumartiges Gebilde.

Statt mit Standard-Software, die auf den rein geometrischen Formen der Renaissance basiert, entwarf Gehry das Museum mit einer Software, die für die Raumfahrtindustrie entwickelt wurde und nicht auf Formen, sondern auf Oberflächen basiert. Mechanische wird von elektronischer Technologie abgelöst. Laserausrüstung zum Vermessen und Schneiden und Strichkodierung für jedes Teil bedeuten, daß dieses Unikat genauso produziert wird wie eine Serie. Im Inneren des Museums befinden sich verschieden große Galerien mit den Exponaten. Diese Ausstellungsräume sind mit einem zentralen Atrium verbunden, das sich majestätisch über die ganze Höhe des Gebäudes erstreckt.

Mittels moderner Technologie hat Gehry im Guggenheim Museum Bilbao die ahistorischen funktionalen Ziele der Moderne erreicht, indem er die Form nach kubistischer Manier in Einzelteile zerlegte. Das Museum bietet eine höchst subjektive sinnliche Erfahrung traumartiger Räume ohne feste Begrenzungen.

Die Brücke wirkt wie ein Teil eines Computerspiels

Die Future-Systems-Fußgängerbrücke an der Canary Wharf in den Londoner Docklands stammt von Jan Kaplicky.

CAD

›Computer Aided Design‹ ist ein Synonym für die Nutzung der Datenverarbeitung beim Planen, Entwerfen und Konstruieren, die über die traditionelle Architekturzeichnung und Architekturdarstellung hinausgeht. Im engeren Sinne spricht man von CAD dann, wenn die Geometrie des Bauwerks die Gliederung der Daten vorgibt und graphische Eingabe- und Ausgabegeräte benutzt werden. Damit CAD nicht nur zur Rationalisierung bestehender Arbeitsweisen, sondern auch zu einer Qualitätssteigerung führt, ist ein spezielles planungsmethodisches Vorgehen und vor allem bei Gruppenarbeiten eine besondere Organisation der Entwurfs- und Konstruktionsarbeit notwendig. Die Datenverarbeitung wird nicht zuletzt im Bereich der Bauaufnahme (Kathedrale Cluny) oder bei Raumdiagnosen eingesetzt. Trotz CAD erlebt das Konzept des Einmaligen in der Baukunst derzeit eine Renaissance.

Die großen Acht

Eine Liste mit allen großartigen Bauten der Architekturgeschichte erstellen zu wollen, wäre ein vergebliches Bemühen. Die acht hier präsentierten Gebäude sind lediglich als Anregung gedacht, von sich aus die Auseinandersetzung mit der Architektur der Vergangenheit und Gegenwart zu suchen.

Das Pantheon, Rom, 118–138
Hadrian
Diese gigantische Rotunde von 43 m Durchmesser und 43 m Höhe ist eine atemberaubende Konstruktion. Die Mauer, die die riesige Kuppel trägt, verläuft in Zickzacklinien um Nischen, zwischen denen die Stützpfeiler stehen. Die Kämpferlinie des Gewölbes ist innen um ein Drittel niedriger als außen. Zur Verringerung ihres Gewichts besteht die Kuppel aus kassettiertem Mörtelmauerwerk. Die gewaltige Leere des Innenraums, der durch die kreisförmige Öffnung im Scheitel vom Tageslicht erhellt wird, vermittelt eine der spektakulärsten Raumerfahrungen der Baugeschichte.

Das Pantheon in Rom, ein Gebäude, das Schlichtheit mit eindrucksvoller Monumentalität verbindet.

Herz-Jesu-Kirche, Prag, 1928–32
Josef Plečnik (1872–1957)
Der Eisenbetonbau besticht durch seine elegante Schlichtheit; ein basilikaler rechteckiger Block mit Obergaden umfaßt das Hauptschiff mit seinem großen Turm an der Westseite. Hinter den riesigen kreisförmigen Uhrenblättern aus Glas führt eine lange Rampe im Zickzack zum Glockenstuhl in der Turmspitze empor. Die schlichten Formen sind mit stilisierten klassischen Motiven verziert, die fensterlosen schrägen Wandabschnitte mit vorkragenden Ziegelsteinen durchsetzt, die die Perspektive verzerren. Plečnik hatte in Wien bei Otto Wagner studiert und an seinen Stadtbahn-Stationen mitgewirkt. Viele seiner bemerkenswertesten, regional gefärbten Bauten stehen in Ljubljana, Slowenien. Plečnik gilt als Begründer der modernen slowenischen Architektur.

Royal College of Physicians, Regent's Park, London, 1960–64
Denys Lasdun (geb. 1914)
Das Royal College of Physicians ist ein perfektes Beispiel moderner Architektur. Die einzelnen Gebäude, in denen sich die verschiedenen Abteilungen des College befinden, sind durch unterschiedliche Strukturen und Materialien gegeneinander abgesetzt. Dunkelblaue Ziegelsteine mäandern über den abgesenkten Tagungsraum, der zugleich Teil der Anlage und Teil des Parks, des öffentlichen Raums und des Gebäudes ist. Die Bibliothek als Teil des College ruht auf einem weißen Plateau, das von schlanken Säulen getragen wird. Durch schmale Sehschlitze an den äußeren Enden des Raums ist der Park zu sehen. Mit Ausnahme des Treppenhauses ist der Kern des Gebäudes leer und bildet somit eine ideale Bühne für Medizinstudenten.

Haus Müller, Prag, 1928–30
Adolf Loos (1870–1933)
Das kubisch-strenge Äußere des Hauses Müller in Prag verrät kaum etwas über sein raffiniertes Innenleben. Die introvertierten, intimen Räume sind gemäß einem ›Raumplan‹ funktional angeordnet und wirken, als habe man sie aus einer massiven Form herausgeschnitten. Loos ist für seine Schriften ebenso berühmt wie für seine Gebäude. Sein Essay *Ornament und Verbrechen* von 1908 ist einer der einflußreichsten Texte der Architekturgeschichte.

Whitney Museum of American Art, New York, 1963–66
Marcel Breuer (1902–1981)
Der gebürtige Ungar Breuer war einer der ersten Bauhaus-Schüler, der von der Mal- in die Möbelklasse überwechselte und in der Folge die Leitung dieser Abteilung übernahm. Später wandte er sich der Architektur zu und arbeitete kurze Zeit in Berlin und London (für Francis Reginald Stevens York). Ab 1937 kam er auf Einladung von Gropius nach Harvard. Die robusten, stark herausgearbeiteten Formen und Texturen des Whitney Museum sind typisch für Breuers Werke.

Kimbell Art Museum, Fort Worth, Texas, 1966–72
Louis Kahn (1901–1974)
Die Kimbell Galleries bestehen aus mehreren majestätischen Gewölben, mit denen Kahn sich seinen Traum erfüllte, Räume durch »die Vereinigung von Licht und Struktur zu definieren«. Mehrere kleine, nach oben hin offene Höfe lockern die Gewölbereihe auf. Kahns Werk steht für sich allein. Aufgrund seiner Vorliebe für rohe Materialien und schroffe Formen und wegen der Monumentalität seiner Bauten wird Kahn mit dem Brutalismus in Verbindung gebracht. Sein Interesse an Elementarformen und Archetypen zeugt aber auch von seiner Nähe zum Neorationalismus.

Ford Foundation Offices, New York, 1964–68
Kevin Roche (geb. 1922) und John Dinkeloo (1918–1981)
Beide Architekten arbeiteten für Eero Saarinen und übernahmen dessen Büro nach seinem Tod 1961. Die Ford Foundation ist von sinnlich-taktiler Präsenz. Rostfarbener Stahl und rosa Granit kontrastieren mit filigranen Luftgittern, Balustraden und verdeckten Messingleuchten. Der überdachte, mit Pflanzen ausgestattete Hof, an der Schwelle zur 42. Straße, ist eine wahre Oase im Gewirr der Großstadt.

Notre-Dame du Haut, Ronchamp, 1950–54
Le Corbusier (1887–1965)
Die Wallfahrtskirche in Ronchamp mit ihrem siloähnlichen weißen Turm, dem braun-grauen pilzartigen Betondach und ihren Wänden, die von kleinen, willkürlich geformten Fenstern durchstoßen werden, ist ungewöhnlich expressiv. In Le Corbusiers schönsten Arbeiten vereinigen sich funktionale Grundrisse mit skulptural geschwungenen Betonformen.

Die Wallfahrtskirche Notre-Dame du Haut in Ronchamp bei Belfort – ein spätes Meisterwerk Le Corbusiers.

Fachbegriffe

Eine Auswahl

Ädikula
Kleines Haus, Tempelchen, auch Tabernakel; meist Nische, Portal oder Denkmal, umrahmt von Stützgliedern und einem Segment- oder Dreiecksgiebel

Apsis
Der meist halbkreisförmige Abschluß einer Kirche oder Kapelle

Architrav
In der antiken Baukunst und den von ihr beeinflußten Baustilen der waagerechte, den Oberbau tragende Hauptbalken

Archivolte
Von der Mauer abgesetzte Einfassung und Profilierung eines Rundbogens oder Portals

Barock
Kunststil nach der Renaissance, Anfänge im Italien des 17. Jh.; charakterisiert durch Mißachtung der klassischen Formensprache und Ordnungen; überschwenglich und dynamisch. Die Bezeichnung geht wahrscheinlich auf das Wort ›barocco‹ zurück, das einen rohen, ungeschliffenen Edelstein meint.

Basis
Fuß einer Säule, eines Pfeilers oder einer Statue; Standfläche eines Gebäudes

Basrelief
Flachrelief, Relief mit nur geringer räumlicher Tiefe

Chorapsis
Typisch für französische, gotische Kathedralen, eine Apsis mit Chorumgang und angefügten Kapellen

Cortile
Meist ein von Arkaden umgebener Palastinnenhof

Dienst
In der Gotik lange dünne Säulchen oder Halbsäulchen an Pfeilern, die Gurte oder Rippen des Kreuzgewölbes oder die Profile der Arkadenbögen aufnehmen

Enfilade
Zimmerflucht, bei der die Türen in einer Achse liegen

Entasis
Die leichte Schwellung des Schaftes der griechischen Säulen, die kurz unterhalb der Schaftmitte am stärksten ist

Erker
Ein- oder mehrgeschossiger Anbau an der Fassade oder Ecke eines Hauses, der durch Auskragungen oder von Konsolen getragen wird

Expressionismus
Architektur, die an freigeformte Plastik erinnert und über das rein Funktionelle hinausgeht

Fiale
Typische Zierform der Gotik, eine schlanke spitze Pyramide, die häufig als Bekrönung von Strebepfeilern und (paarweise) als seitliche Begrenzung von Wimpergen auftritt

Gaden
Fensterzone im oberen Teil des Mittelschiffes einer Basilika (Obergaden) oder anderen hohen Räumen

Gebälk
Gesamtheit der Balken einer Decken- oder Dachkonstruktion. In der antiken Architektur der obere Teil der Säulenordnung: Balken (Architrav), Fries und Kranzgesims

Giebel
Abschlußform eines Satteldaches, auch Bekrönung eines Fensters, einer Ädikula oder eines anderen Bauteils. In der Antike trägt das Giebelfeld bauplastischen Schmuck, in der Gotik wird es durch Maßwerk oder Blenden gegliedert. Seit der Renaissance werden Giebel mit Voluten geschmückt.

Gurtbogen
Gewölbebogen, quer zur Längsachse

Kämpfer
Zone oder Bauglied, das den Ansatz eines Gewölbes oder Bogens aufnimmt

Kanneluren
Senkrechte runde Rillen in Säulen oder Pfeilern

Kapitell
Der zwischen Stütze und Last vermittelnde Kopfteil einer Säule oder eines Pfeilers; eines der Unterscheidungsmerkmale der verschiedenen Ordnungen

Karyatide
Säule in Gestalt einer weiblichen Figur

Kassette
Vertieftes, oft verziertes Feld in einer Decke, einer Bogenlaibung oder einem Gewölbe

Konsole
Vorspringendes Tragelement, im Steinbau ein Kragstein, auf dem ein Bogen, ein Gesims, Skulpturen, Balken, Dienste usw. ruhen

Loggia
Säulenhalle eines Bauwerks im Erdgeschoß, seltener unterhalb des Daches

Manierismus
Spätrenaissancearchitektur, die die klassischen Regeln unterläuft

Metope
Verziertes oder unverziertes Feld zwischen zwei Triglyphen der dorischen Ordnung

Nymphaeum
Kultstätte der Nymphen, Quellheiligtum, Brunnenhaus

Palladio- oder Serliomotiv
›Venezianisches Fenster‹; ein von Palladio häufig verwendetes Fenstermotiv, bei dem ein mittlerer breiter Bogen von zwei schmalen Öffnungen flankiert wird, die von einem Gebälk in Höhe des Bogenkämpfers abgeschlossen werden

Pfeiler
Mauerstütze zwischen Öffnungen, meist mit quadratischem, rechteckigem oder polygonalem Grundriß. Bei gotischen Kathedralen: Bündelpfeiler, die aus Säulen und Diensten bestehen

Piano Nobile
Beletage; Hauptgeschoß eines größeren Gebäudes, meist mit einer höheren Decke

Pilaster
Wandpfeiler mit Basis und Kapitell

Plinthe
Fußplatte einer Säulen- oder Pfeilerbasis

Portikus
Saulenvorhalle

Retabel
Ornamentaler Altaraufsatz, häufig aus geschnitztem Holz

Retrochor
In England ein den Seitenschiffen des Langhauses entsprechender Chorumgang hinter dem Chorgestühl

Rustika
Grobes Mauerwerk aus Bruch- oder Buckelsteinen, normalerweise an den unteren Geschossen von Renaissancegebäuden

Sattelholz
Ein waagerechtes Holz zur Verbreiterung des Auflagers über einem Ständer

Triglyphe
Platte mit drei senkrechten Rillen im Gebälk der dorischen Ordnung

Voluten
Spiral- oder schneckenförmig eingerolltes Zierelement

Wimperg
Giebelförmiger gotischer Bauteil zur Bekrönung von Portalen und Fenstern

Zikkurat
Ursprünglich ein mesopotamischer Hochtempel; Stufenturm und ähnliche abgetreppte Gebilde in Pyramidenform

Register

Bildnachweis

AKG: S. 14o.r., 16, 17, 18o.l., 22, 45, 64, 72, 81, 86, 87, 96, 97, 103, 108, 109
Angelo Hornak Library: S. 27, 28, 30, 44, 57o.r., 75, 76, 79, 88, 111o.r., 122
Arcaid: S. 20, 23, 36, 37, 39, 40, 41, 43, 50, 51, 52, 53, 55, 56/57, 59, 66, 67, 68, 69, 70, 73, 77, 80, 82u.r., 83, 91, 94o.r., 95, 98, 102, 104o.r., 104/105, 106, 110, 111u.l., 113, 114, 116, 117, 121, 125, 126, 127M., 128, 129, 130, 132/133, 134, 137o. 136/137
Axiom Photographic Agency: S. 100u.r., 101
Architectural Association: S. 26o.r., 46, 33, 35o.l., 71, 107, 112, 120
Bridgeman Art Library: S. 29, 32
J Allan Cash Ltd: S. 61
Edifice: S. 34, 35o.r., 78, 115, 123, 135
Norman Foster & Associates: 127o.l.
Trip & Art Directors Photo Library: S. 14/15, 19, 21, 25, 31, 38, 42, 47, 48, 49, 54o.r., 58, 62o.r., 62u.l., 63, 65, 82o.l., 99, 131